KB098622

10대와 통하는

10대와 통하는 자본주의 이야기

제1판 제1쇄 발행일 2018년 7월 12일
제1판 제4쇄 발행일 2022년 11월 13일

글 _ 김미조
기획 _ 책도둑(박정훈, 박정식, 김민호)
디자인 _ 서채홍
펴낸이 _ 김은지
펴낸곳 _ 철수와영희
등록번호 _ 제319-2005-42호
주소 _ 서울시 마포구 월드컵로 65, 302호(망원동, 양경회관)
전화 _ (02)332-0815
팩스 _ (02)6003-1958
전자우편 _ chulsu815@hanmail.net

ISBN 979-11-88215-14-0 43320

철수와영희 출판사는 '어린이' 철수와 영희, '어른' 철수와 영희에게
도움 되는 책을 펴내기 위해 노력하고 있습니다.

10대와 통하는

글 김미조

철수와영희

들어가는 말

트루먼의 세상, 그리고 우리의 세상

영화 「트루먼 쇼」의 주인공 트루먼은 서른이 될 때까지 고향을 한 번도 떠나본 적이 없는 평범한 회사원이었습니다. 적어도 그 자신이 생각하기엔 그랬습니다. 그러던 어느 날 하늘에서 조명 기구가 툭 떨어지는 것을 목격합니다.

'세상에, 조명이 어디서 떨어진 거야?'

트루먼은 의문을 가지기 시작합니다. 그러면서 지금까지 일어난 모든 일까지 의심하게 됩니다. 첫사랑 여자는 왜 갑자기 사라져버린 것일까? 지금의 아내는 왜 허공에다 대고 이런저런 물건들을 광고하는 것일까? 이웃들은 또 어떻게 늘 같은 시간, 같은 장소에서 똑같은 표정과 말로 인사를 해온 것일까? 그러다 트루먼은 자신이 거대한 뚜껑과 벽으로 만들어진 스튜디오에 갇혀 살고 있다는 것을 알게 됩니다. 사실 트루먼의 일상은 수천 대의 카메라에 잡힌 채 전 세계에 생방송되고 있었습니다. 심지어 그의 부모, 아내, 친구들도 방송국에 고용된 배우였지요.

그런데 트루먼은 어떻게 이러한 사실을 몰랐을까요? 태어날 때부터 지금까지 그가 봐왔던 것은 딱 그만큼의 세상이었고, 그 세상이 진짜라고 교육받았기 때문입니다.

'아무리 그래도 그렇지, 어떻게 그럴 수 있지?'

트루먼은 어째서 자기가 살고 있는 세상의 실체를 좀 더 빨리 알아차리지 못했을까요? 보통 사람보다 특별히 감각이 무디었던 것일까요? 그런데 우리라면 트루먼보다 더 빨리 우리가 살고 있는 세상에 대해 의문을 가졌을까요?

'나는 내가 살고 있는 세상에 대해 잘 안다고 확신할 수 있나?'

물론 우리는 트루먼처럼 거대한 스튜디오에 갇혀 있지 않습니다. 하늘은 거대한 뚜껑으로 덮여 있지도 않고, 세상의 끝은 벽으로 둘러싸여 있지도 않습니다. 그렇지만 우리가 살고 있는 이 세상에도 뚜껑과 벽은 있습니다. 사회적 질서, 경제적 체제, 정치적 구조, 오래된 관습 등이 뚜껑과 벽이 되어 우리의 삶에 영향을 주고 있지요. 그리고 우리는 이렇게 배웠습니다.

'우리 사회의 정치 구조는 민주주의이고, 경제 구조는 자본주의이다.'

민주주의는 '국민이 권력을 가지고 그 권력을 스스로 행사하는 제도'입니다. 자본주의는 '생산 수단을 자본으로 소유한 자본가가 이윤 획득을 위하여 생산 활동을 할 수 있도록 보장하는 사회경제 체제'입니다. 그런데 이는 어디까지나 사전적 의미에 불과합니다. 현실은 사전적 의미와 다르거나 더 복잡하게 굴러갑니다. 그렇기 때문에 우리는 이 세상에 대한 수많은 의문의 답을 사전적 의미만으로는 찾을 수 없습니다.

왜 어떤 사람들은 가난을 견디지 못해 스스로 목숨을 끊어야 할까요? 1년 365일 쉬지 않고 일을 하는데 어째서 가난을 벗어날 수 없는 것일까요? 우리 부모님은 정말 열심히 일하시는데 왜 늘 돈이 없다고 할까요? 실업자는 왜 이렇게 많고, 직장을 구하는 일은 어째서 이렇게 힘들까요? 어른들은 명문 대학에 가야만 많은 돈을 벌 수 있다고 하는데 정말 그런가요? 고등학교를 졸업하기도 전에 취업 걱정부터 해야 하는 이유는 뭔가요? 돈 없이는 아무것도 할 수 없다고 하는데 정말 그런가요? 그래서 돈을 벌기 위해 죽도록 일만 해야 하는 것일까요? 그런데 일을 하지 않고도 엄청난 돈을 버는 사람들은 뭔가요? 어떤 사람은 집은커녕 방 한 칸도 없어 쩔쩔매는데, 어떤 사람은 수십 채의 집을 가지고 있는 이유는 뭔가요?

세상은 정말 모든 게 의문투성이입니다. 세상이 수학이라면 공식에 따라 해답을 찾을 수 있을 것입니다. 하지만 우리가 사는 세상은 수학이 아닙니다. 이 세상을 규정하는 단어들은 많습니다. 자본주의도 그중의 하나이지요. 그런데 자본주의의 실체는 무엇일까요? 어른들은 답을 알고 있을까요?

세상에는 아주 많은 트루먼들이 있습니다. 그들은 자신이 살고 있는 세상이 어떤 세상인지 모른 채 자동차 바퀴처럼 굴러가고 있습니다. 무엇을 어떻게 해야 하는지 몰라 그냥 굴러가기만 합니다. 그렇기 때문에 우리는 트루먼처럼 스스로에게 질문을 던질 필요가 있습니다.

'내가 살고 있는 이 세상은 어떤 곳이지?'

영화에서 트루먼은 결국 거대한 스튜디오를 탈출합니다. 가짜 세상에서 만들어진 인생을 벗어던지고 진짜 세상에서 자기 자신의 인생을 살게 됩니다. 하지만 우리가 살고 있는 세상은 가짜가 아니라 진짜입니다. 그러므로 트루먼처럼 탈출하여 또 다른 세상으로 갈 수는 없습니다. 진짜 세상이기에 더 많은 것을 알아야 하지요. 그래야 이 세상에서 우리가 어떤 자세로 살아야 하는지, 문제가 있다면 그 문제를 어떻게 해결해나가야 하는지 그 답을 조금이나마 찾을 수 있을 것입니다.

2018년 7월

김미조

차례

2장 | 돈이 뭐기에?

3장 | 시장경제와 자유시장

4장 | 소비를 권하는 사회

5장 | 일하지 않았는데 어떻게 돈을 벌어?

6장 | 복지는 최소한의 안전장치

자본주의는 어떻게 시작되었을까?

옛사람들이 생각한 노동

기원전 3000년경 지금의 이라크 남부 지역에서 인류 최초의 문명인 수메르 문명이 발생합니다. 수메르인은 인류 최초의 문자인 설형문자(쐐기문자)와 법전을 만들었고, 도시국가를 중심으로 문화를 발전시켜왔지요. 그리고 그들의 신화에는 인간을 창조한 신들의 이야기도 있습니다.

원래 세상에는 신들만 있었습니다. 신들 중에는 계급이 높은 큰 신이 있는가 하면, 계급이 낮은 작은 신이 있었지요. 큰 신들은 노동할 필요가 없었습니다. 노동은 작은 신들이나 하는 일이었으니까요. 그러던 어느 날 작은 신들이 큰 신들에게 항의합니다.

"일하는 게 정말 힘들어요. 더는 이렇게 살 수 없어요."

큰 신들은 고심 끝에 작은 신들을 대신해서 노동할 존재를 만들기로 합니다. 그것이 바로 인간입니다. 큰 신들이 인간을 만들어주자 작은 신들은 노동에서 해방됩니다. 하지만 인간은 작은 신들을 대신하여 살아서는 물론이고 죽어서도 일을 하게 됩니다.

신화는 역사를 사실적으로 다룬 이야기가 아닙니다. 초자연적인 상황이나 인간의 행동, 제도 등을 상징적으로 다루고 있지요. 신화에는 당대 사람들의 생각이 반영되어 있습니다. 따라서 우리는 이 이야기를 통해 수메르인이 노동을 부정적인 의미로 생각했음을 추측할 수 있습니다.

노동을 부정적으로 인식한 것은 수메르인뿐만은 아니었습니다. 고대 그리스에서 노동을 의미하는 포노스ponos는 '슬픔'이라는 뜻을 지니고 있습니다. 노동을 뜻하는 프랑스어 트라바유travail는 '속박'을 뜻하는 라틴어 트리팔리움tripalium에서 유래합니다.

최초의 인류부터 현재의 인류까지 인간은 노동에서 단 한 번도 벗어난 적이 없습니다. 생존에 필요한 의식주, 곧 옷과 음식과 집은 노동을 통해서만 얻을 수 있기 때문입니다. 그러니 인간은 노동을 하기 위해 태어났다거나, 노동은 슬픔이고 속박이라는 인식은 오히려 자연스럽기까지 합니다. 이러한 인식 때문에 노동은 말 그대로 기피 대상 1호였습니다. 그래서 수메르의 큰 신들이 작은 신들에게 노동을 미루고, 작은 신들은 인간에게 노동을 미루었듯이 인간도 다른 누군가에게 노동을 미루려고 했습니다. 이를 잘 보여주는 것이 노예제나 신분제 사회입니다. 노예제나 신분제 사회에서 소수 특권층은 자신들을 노동에서 제외시키고 이를 하나의 규칙으로 만들었습니다. '왕이나 귀족 등 계급이 높은 소수의 특권층은 노동을 하지 않는다. 노동은 계급이 낮은 사람들, 노예나 종, 평민들이나 하는 것이다'와 같은 것이지요. 이러한 규칙은 아주 오랫동안 이어져왔습니다. 하지만 모든 역사가 그렇듯 노동도 많은 변화를 겪게 됩니다. 그리고 노동에 대한 인식과 노동의 지위도 달라졌지요.

노동의 변화

인간은 분명 생존하기 위해 노동을 해야 했습니다. 이는 오늘날에도 변함없는 사실입니다. 그래서인지 인간의 노동은 동물의 노동과 다를 바가 없는 것처럼 보이기도 합니다. 하지만 인간은 동물과 달리 노동을 통해 도시를 건설하고 문명을 일구어냈습니다. 인간의 노동은 동물의 노동과 어떻게 다르기에 이러한 결과를 낳게 된 것일까요?

독일의 사회학자 카를 마르크스는 『자본론』에서 '인간의 노동은 거미가 거미줄을 짜거나 꿀벌이 집을 짓는 것과는 다르다'고 말합니다. 거미나 꿀벌은 DNA에 각인된 정보에 따라서만 일을 합니다. 즉, 본능이 시키는 대로 할 뿐, 인간처럼 생각하거나 선택해서 일을 하지는 않습니다. 반면에 인간은 DNA에 각인된 정보 이상의 일을 합니다. 생각을 하기 때문이지요.

인간은 무언가를 만들 때 어떻게 만들면 좋을지 생각합니다. 이왕이면 더 좋게, 더 의미 있는 것을 만들고자 욕심도 부립니다. 그러는 가운데 많은 것을 발전시켜왔지요. 이를 상징적으로 보여주는 장면이 있습니다. 스탠리 큐브릭의 SF영화 「2001년 스페이스 오디세이」의 한 장면입니다. 인류의 조상인 유인원이 하늘 높이 던진 뼈다귀가 빙그르르 돌다가 순식간에 우주선으로 바뀝니다. 이 짧은 장면에는 동물의 뼈다귀를 도구로 사용했던 인류가 우주선까지 만들게 된 시간이 압축되어 있습니다. 만약 인간의 노동이 없었다면 뼈다귀가 우주선으로 바뀌는 장면도 없었겠지요.

SF영화 「2001년 스페이스 오디세이」에서 최초의 인류가 도구로 사용하던 뼈다귀를 공중에 던지자 우주선으로 변하는 장면. 수백만 년의 세월이 흐른 것을 표현했다.

이처럼 인간의 노동은 단순히 의식주를 해결하기 위한 활동 이상의 역할을 해왔습니다. 그럼에도 노동은 늘 찬밥 신세였습니다. 만약 노동이 사람이라면 이렇게 따질 수도 있을 것입니다.

"인간의 역사는 곧 노동의 역사야. 내가 없었더라면 너희가 어떻게 살 수 있었겠어? 또 어떻게 이처럼 발달된 문명을 만들 수 있었겠어? 그런데 왜 나를 하찮게 여기는 거야?"

노동의 말마따나 노동은 인간의 역사와 함께 해왔습니다. 그리고 노동은 이 땅에 살았던 수많은 사람들이 거의 평생을 해왔던 것이지요. 지금도 노동은 오랜 친구처럼 우리와 함께 하고 있습니다. 이러한 가운데 노동은 계속 변화해왔지요.

최초의 노동은 채집과 사냥을 통해 자연 상태의 물질을 그대로 가져오는 것이었습니다. 시간이 지난 뒤에는 농사를 짓거나 동물을 키우는 방식으로 식량을 스스로 생산해내기 시작했고, 더 나아가 생존에 필요한 것 이상을 만들어내기도 했습니다. 산업혁명 시대에는 기술의 발달에 힘입어 이전 시대와는 전혀 다른 모습으로 변하기도 했습니다. 인간의 노동을 대신할 기계가 등장했고, 그 기계들은 대량생산을 가능하게 만들었습니다. 덕분에 인간은 더 많은 상품을 비교적 손쉽게 구할 수 있게 되었지요.

어린아이가 소년, 청년을 거쳐 어른이 되듯 노동도 성장해왔습니다. 우리는 어른이 된 사람에게 계속 '넌 아이야'라고 하지 않습니다. 노동도 마찬가지입니다. 오늘날 사람들이 생각하는 노동은 고대 수메르나 고대 그리스 사람들이 생각했던 것과 다르며, 산업혁명 이전의 중세 사람들과도 다릅니다. 그렇다면 지금 시대의 사람들은 노동을 어떻게 생각하고 있을까요?

오늘날에도 사람들은 '노동은 인간이 생존에 필요한 의식주를 만드는 행위'라고 생각합니다. 노동이 아무리 변화를 꾀해도 노동의 본질은 달라지지 않았기 때문입니다. 하지만 오늘날의 노동은 예전처럼 단순히 먹고살기 위해 어쩔 수 없이 해야 하는 일이 아니라 자기실현의 도구로 인식하게 되었습니다. 예를 들어, 자전거를 만들고 싶다고 생각한 철수가 자전거를 완성했다고 가정해봅시다. 철수는 오랜 시간 힘겨운 노동을 해야 했지만 자전거가 완성된 순간 큰 기쁨을 느꼈을 것입니다.

'내 머릿속에만 있던 것을 실제로 만들어냈어.'

이렇게 생각한 철수는 더 다양한 디자인의 자전거를 만들고 싶어하겠지요. '아무것도 하지 않는 자신'보다 '자전거를 만들고 있는 자신'에게 더 큰 만족을 느끼면서요. 철수가 이처럼 만족하는 이유는 자기가 하는 노동에 강제성이 없기 때문입니다. 만약 철수가 고대 신분제 사회에서 태어난 노예나 종이었다면 자전거를 만드는 일은 큰 고통이었을 것입니다. 노예나 종에게는 어떠한 인격도 자유도 주어지지 않았기 때문입니다. 이들은 주인의 재산 중 일부였기에 그저 주인이 시키는 대로만 노동을 해야 했습니다. 하지만 현대의 철수는 노동에 자신의 의지를 담을 수 있습니다.

현대사회에서는 어느 누구도 누군가의 소유물로 살 일은 없습니다. 우리는 직업을 선택할 때 자신의 성향을 고려합니다. 또 자신이 하고 싶은 일이 무엇인지를 고민합니다. 만약 철수가 소방관이 되고 싶어 한다면 철수는 그 일을 하기 위해 노력할 것입니다. 하지만 신분제 사회에서는 노예나 종이 아니어도 직업에 대한 선택권이 없었습니다. 아버지가 농민이면 아들도 농민으로 살아야 했고, 아버지가 상인이면 아들도 상인으로 살아야 했습니다. 게다가 노동의 종류도 그렇게 많지 않았습니다. 농업 사회였기에 대부분의 사람들은 농사를 짓거나 가축을 키우는 일을 해야 했습니다. 아니면 수공업에 종사하거나 상인으로 살아야 했지요. 지금은 그렇지 않습니다. 노동의 종류는 더 많아졌으며, 저마다 자신이 원하는 노동을 선택할 수 있습니다. 물론 가정환경, 학력, 능력 등에 따라 할 수 있는 일과 그렇지 않은 일이 나누어지기는 합니다. 하지만 아버지가 농사를 지었으니 나도 농사를 지어야만 하는 것은 아닙니다.

오늘날의 노동은 육체노동뿐만 아니라 정신노동까지도 포함합니다. 이전의 노동은 주로 몸을 움직여 일하는 육체노동만을 뜻했습니다. 하지만 오늘날의 노동은 '사회를 유지하는 데 필수적인 생산 활동' 전부를 일컫는 말이 되었습니다. 주로 머리를 쓰는 정신노동 역시 사회를 유지하는 데 필수적인 생산 활동 중의 하나인 것이지요. 이를테면 건축가가 설계도를 만드는 일이나 예술가가 창조하는 행위도 노동에 속합니다. 물론 예전에도 건축가와 예술가가 있었지만 이들의 행위를 노동으로 인식하지는 않았습니다. 그리고 오늘날 새로 생긴 노동도 있습니다. 바로 감정노동입니다. 감정노동은 주로 고객을 상대하는 일로 판매, 유통, 관광 안내 등의 일이 여기에 속합니다. 이처럼 오늘날의 노동은 예전에 비해 범위가 훨씬 넓어졌으며, 종류도 더욱 다양해졌습니다.

이전의 노동과 오늘날의 노동의 차이를 가장 확실하게 보여주는 것은 '노동의 분화'입니다. 철수의 자전거를 예로 들어보지요. 만약 근대사회 이전이었다면 철수는 자전거 설계부터 완성까지 혼자서 다 해냈을 것입니다. 하지만 오늘날에는 자전거를 설계하는 일, 자전거 부속품 중 한 가지를 만드는 일, 부속품 몇 개를 조립하는 일, 완성된 자전거를 판매하는 일 중의 하나만 할 수 있습니다. 이때 자전거를 설계하는 일을 하면 정신노동자인 것이고, 자전거의 부속품을 만들거나 조립하는 일을 하면 육체노동자인 것이고, 자전거를 판매하는 일을 하면 감정노동자가 되는 것이지요. 어쨌거나 철수는 어떠한 일을 선택하든 자전거를 처음부터 끝까지 만드는 일을 할 수는 없습니다.

이처럼 노동은 생물체처럼 계속 변해왔습니다. 또한 노동을 받아들이는 의미도 사람마다 다릅니다. 누군가에게 노동은 여전히 힘든 것에 불과할 수도 있고, 누군가에게는 자신의 가치를 실현하는 수단이 될 수도 있습니다. 그러므로 오늘날의 노동은 '생존에 필요한 일이라 어쩔 수 없이 해야만 하는 고통스러운 일'로 단순하게 정의할 수는 없습니다.

노동자와 노동력

철수는 학교를 졸업한 뒤 자전거를 만드는 A사에 취직했습니다. 이로써 철수도 임금노동자가 된 것이지요. 임금노동자란 임금을 받고 일하는 사람입니다. 임금을 주는 사람은 고용주라고 하지요. 고용주가 철수에게 임금을 주는 이유는 명확합니다. 철수가 자신의 노동력을 제공하기 때문입니다. 노동력은 노동자가 일을 하기 위해 쓰는 능력을 말합니다.

'노동자와 노동력.'

두 단어는 비슷해 보여도 상당한 차이가 있습니다. 노동자는 일을 하거나 할 수 있는 사람 자체를 일컫습니다. 반면에 노동력은 노동자의 육체적·정신적 능력만을 뜻합니다. 그러니까 '노동자가 일을 한다'는 것은 '노동자가 노동력을 활용한다'는 뜻입니다. 노동자는 고용주에게 자신의 전부가 아니라 자신이 가지고 있는 것 중 하나인 '노동력'만을 제공하는 것이지요. 그리고 고용주는 바로 노동자가 제공하는 노동력에 대한 대가로 임금을 지불하는 것입니다.

철수처럼 기업에 취직한 사람은 대부분 임금노동자입니다. 관공서에서 일하는 공무원이나 개인 사업체에 고용된 사람도 임금노동자이고, 편의점이나 식당에서 아르바이트를 하는 학생도 임금노동자입니다. 자신의 노동력을 제공하고 그 대가로 임금을 받는 사람은 모두 임금노동자입니다.

우리는 임금노동자가 무엇인지 이미 알고 있습니다. 그런데 노동의 대가로 임금을 받을 수 있다는 이 당연한 사실이 오래전부터 있어 왔던 것은 아닙니다. 조선시대를 예로 들어보지요. 조선시대는 신분제 사회였습니다. 출신에 따라 양반, 중인, 양인, 노비로 나뉘었지요. 양반은 노동을 하지 않았습니다. 반면에 중인, 양인, 노비는 평생 노동하며 살아야 했습니다. 오늘날로 보자면 노동자인 셈인데, 이들을 임금노동자라고 하지는 않습니다. 이유는 간단합니다. 임금을 받지 않았으니까요. 양인의 대부분은 농민이었습니다. 농민은 농사를 지어 그해 수확된 농산물로 생계를 유지했지요. 그런데 농민은 거의가 자기 땅을 가지지 못했습니다. 땅 주인은 대부분 양반계급에 속한 지주였습니다. 지주는 농민에게 농사지을 땅을 빌려주고 그 대가로 농민이 수확한 농산물을 받았습니다. 이러한 농민을 '소작농'이라고 합니다. 소작농은 지주에게 고용된 것이나 다름없습니다. 하지만 임금을 받기는커녕 오히려 지주에게 지대(토지에서 발생하는 모든 수익)를 바쳤습니다. 노비 역시 평생을 일해도 돈 한 푼 받지 못했습니다. 당시 노비는 '사람'이 아니라 누군가의 '재산'이었습니다. 개인 사업자였던 상인이나 수공업자도 누군가에게 고용되어 임금을 받는 일은 없었습니다. 그러니까 신분제 사회였던 조선시대에는 양반계급을 제외한 모든 사람이 노동을 했지만 노동에 대한 대가로 임금을 받지는 않았던 것입니다.

임금과 비슷한 개념으로 '품삯'이 있습니다. 품삯은 일한 대가로

김홍도, 「벼타작」. 일꾼들은 열심히 일하는 반면, 마름은 누워서 이를 감독하는 장면이 신분 차별을 상징적으로 보여준다.

받는 삯을 말하는데, 삯은 꼭 돈이 아니어도 됩니다. 곡식이나 다른 물건일 수도 있습니다. 어찌 되었든 일을 한 대가로 받는 것이니 삯은 오늘날의 임금과 비슷한 것이지요. 그런데 당시의 고용주가 노동자를 대하는 방식은 오늘날과 많이 달랐습니다. 고용주는 품삯을 주는 대신 노동자가 자신의 말에 무조건 복종해야 한다고 생각했습니다. 이를테면 이렇게 말하면서요.

"내가 너를 먹고살게 해주는 것이니 너는 내가 시키는 일이라면 뭐든 해야 해."

오늘날에도 이러한 생각에서 벗어나지 못한 고용주들이 있습니다. 심지어 어떤 고용주는 노동자를 모욕하거나 폭행하기도 합니다. 특히 어린 노동자나 외국인 노동자는 이러한 폭력에 더 많이 노출되어 있습니다.

고용주가 노동자를 함부로 대하는 배경에는 '전근대적 사고방식'이 깔려 있습니다. 고용주는 자신을 노동자보다 높은 계급이라 생각합니다. 게다가 임금이 노동자의 노동력에 대한 대가라는 사실을 정확하게 알지 못합니다. 임금노동자는 고용주에게 노동력만을 제공할 뿐이지 고용주에게 구속된 것이 아닙니다. 노동자와 고용주는 서로 필요한 것을 주고받는 평등한 관계입니다. 따지고 보면 아주 간단한 계산법이지요. 하지만 현실에서는 이 같은 계산이 명확하게 이루어지지 않습니다. 아직도 전근대적인 사고방식이 우리 사회에 만연해 있기 때문이지요.

노동자가 자신의 노동력을 상품으로 팔기 위해 시장에 나타난 시기는 그리 오래되지 않았습니다. 18세기 후반 유럽에서 일어난 산업혁명 이후이니 200년도 채 안 된 셈이지요. 우리나라 임금노동자의 역사는 더 짧습니다. 영국에서 발단된 산업혁명이 유럽 전 지역으로 퍼져나가며 사회·경제·정치적으로 급격한 변화가 일어날 당시, 조선은 여전히 신분제도를 유지하며 농업 국가로 남아 있었습니다. 20세기 초중반에는 일제강점기와 한국전쟁을 겪어야 했습니다. 19세기에 유럽 전역을 뒤흔들었던 산업혁명을 우리나라는 20세기 중반인 1960년대에야 비로소 경험하게 됩니다. 이때 많은 농민들이 고향을 떠나 도시로 몰려들기 시작했고, 이들은 도시 곳곳에 세워진 공장에서 임금을 받고 일하는 노동자로 살아갔습니다. 하지만 이들 대부분은 열악한 작업환경에서 아주 적은 월급을 받고 일해야 했으며, 노동자로서의 인권은 전혀 보호받지 못했습니다. 이 같은 현실은 산업혁명을 일으켰던 유럽 여러 나라에서 이미 경험했던 것입니다.

혁명은 '기존의 것을 단번에 깨뜨리고 새로운 것을 세운다'는 의미입니다. 그런데 '산업'에 '혁명'이라는 말이 붙을 정도로 산업혁명은 인류 역사상 획기적인 사건 중의 하나였습니다. 사회 거의 모든 분야에서 큰 변화가 일어나게 되었지요. 특히 물자 면에서 가장 풍요로운 생활을 누리게 됩니다. 그런데도 사회 구성원의 절대다수인 노동자의 삶의 질은 나아지지 않았습니다. 오히려 어떤 측면에서는 더 나빠지기까지 했습니다.

산업혁명 당시 노동자들에게 어떤 일이 일어났던 것일까요? 산업혁명에 힘입어 인류는 어느 시기에서도 볼 수 없었던 발전을 이루었는데, 노동자는 어째서 노예와 다를 바 없는 신세로 착취에 시달리며 여전히 가난할 수밖에 없었던 것일까요?

산업혁명, 대량생산, 임금노동자의 탄생

산업혁명은 18세기 후반 영국에서 시작되었습니다. 시작되었다고 해서 어느 날 갑자기 나타났다는 뜻은 아닙니다. 또 영국에서만 산업혁명이 일어났다고 볼 수도 없습니다.

산업혁명이 발생하기 전 유럽 전역에서는 이미 근대적 발전이 이루어지고 있었습니다. 사회적으로는 봉건제가 무너지고, 경제적으로는 산업이 성장했으며, 기술적으로는 종이, 인쇄술, 화약이 발명되었지요. 또한 인간 중심의 철학인 인문주의가 확산되었습니다. 인문주의는 신을 중심으로 하는 세계관에서 벗어나 인간 중심적 사고에 따라 인간의 존엄성과 가치를 중요하게 여기는 철학입니다. 유럽은 이미 15세기에서 16세기에 걸쳐 이러한 변화 과정을 거쳐왔습니다. 그리고 17세기에는 경제·정치·사회 분야에서 급속한 변화가 일게 됩니다. 이전에 차곡차곡 쌓아둔 변화의 둑이 터지면서 세찬 물결이 사회 전반을 덮어버렸지요.

산업혁명은 크게 세 가지 분야, 곧 기술, 사회경제, 문화 분야에서 큰 변화를 이루게 됩니다. 기술의 변화는 강철 같은 새로운 소재를 활용 가능하게 만들었습니다. 또한 석탄, 석유 등의 에너지원이 기계의 연료나 동력으로 사용되었고, 대량생산이 가능한 기계들이 발명되었습니다. 특히 증기기관차의 발명으로 유럽에서는 철도 시대가 열리게 됩니다. 영국을 산업혁명의 발생지로 보는 이유 중의 하나는 증기기관차가 영국에서 발명되었기 때문입니다. 증기기관차는 사람이나 물자를 더 빠르게 이동시켰고, 이는 곧 상업의 활성화와 경제 발전으로 이어졌지요.

또 농업 중심 사회였던 유럽은 공업 중심 사회로 변환기를 맞이합니다. 대규모 공장에 대량생산이 가능한 기계가 들어서자 끊임없이 돌아가는 기계 앞에서 일을 할 노동자가 필요했습니다. 농사를 짓던 사람들은 고향을 떠나 도시로 가 임금노동자가 됩니다. 유럽의 농민들도 대부분은 소작농이었습니다. 지주의 농토를 빌려 농사를 짓고 그 대가로 농산물을 받는 시스템이었지요. 이러한 시스템 아래에서는 평생을 일해도 자기 땅 한 뙈기 가지기 힘들었고, 질기고 질긴 가난을 벗어나기도 쉽지 않았습니다. 더군다나 봉건제의 소작농은 땅 주인인 영주에게 복종해야 했으며, 영주의 말 한마디로 고향에서 쫓겨나거나 죽임을 당하더라도 아무런 저항도 할 수 없었습니다. 그런데 바야흐로 시대가 변하고 있었습니다.

먼저 봉건사회가 자본주의사회로 전환되고 있었습니다. 기술의 발전, 교통과 통신의 발달, 비약적으로 성장한 생산력은 기존의 봉건사회가 담아낼 수 없는 변화였습니다. 이로써 가족과 친족을 중심으로 한 자급자족의 봉건사회가 무너지고 자본과 노동이 중요해진 자본주의 체제가 자리 잡게 됩니다. 자본주의 체제는 농사의 근간을 이루는 토지나 대대로 세습되어온 신분을 크게 중요하게 생각하지 않았습니다. 그리고 부유한 사람들만 가질 수 있었던 물자를 그렇지 않은 사람들도 가질 수 있게 되었습니다. 대량생산으로 쏟아진 물자는 어디서든 쉽게 구할 수 있을 뿐만 아니라 가격도 저렴했으니까요.

임금노동자의 삶을 선택한 사람들은 새롭게 펼쳐진 세상에 기대를 걸었습니다. 열심히 일하면 누구든 부를 이룰 수 있으며, 더 나은 삶을 누릴 수 있을 것이라 믿었습니다. 하지만 이러한 믿음은 이루어지지 않았습니다. 노동자들은 여전히 처참한 가난과 힘겨운 노동에서 벗어나지 못했습니다. 열악한 노동환경 속에서 수많은 노동자가 병이 들거나 죽음에 이르기까지 했습니다.

그럼에도 '임금노동'의 출현은 역사적으로 중요한 의미를 지닙니다. 법적으로 '임금'이 규정됨으로써 노동자는 두 가지 권리를 가지게 되었기 때문입니다. 자신의 노동력을 얼마에 팔 수 있는지 미리 알 수 있었고, 고용주와 임금 협상을 할 수 있게 되었습니다. 이 두 가지 권리로 임금노동자는 비교적 안정적인 계획을 짤 수 있게 되었습니다. 이는 고용주에게도 마찬가지입니다. 고용주는 노동자에게 주는 임금을 미리 예측함으로써 노동력을 효율적으로 쓸 수 있게 되었습니다.

프랑스의 경제학자 토마 피케티는 『21세기 자본』에서 임금노동을 '혁신에 가까운 일'로 인식합니다. 임금 협상, 안정된 임금 등이 노동자계급을 형성하는 데 결정적인 영향을 미쳤다고 본 것이지요.

분업, 기계가 되는 사람들

자전거를 만드는 A사에 취직한 철수는 일을 시작한 지 한 달도 채 되지 않아 회사를 그만둘까 고민하게 됩니다. 어릴 때부터 자전거 만드는 것을 좋아한 철수는 '자전거 장인'이 되는 것이 꿈이었습니다. 그래서 A사에 들어간 것인데 현실은 달랐습니다. 철수는 제 손으로 단 한 대의 자전거도 만들 수 없었습니다. 대신 지난 한 달 동안 자전거 손잡이에 고무를 끼워넣는 일을 했습니다. 그렇다고 다른 노동자가 온전한 자전거를 만들어내는 것도 아니었습니다. 어떤 사람은 페달을 달고, 어떤 사람은 바퀴를 끼우고, 어떤 사람은 자전거에 색을 입히는 일을 맡았습니다. 어떤 사람은 자전거를 설계하기만 하면 되었지요.

'내가 원한 건 이게 아닌데.'

철수는 자기가 하는 일에 만족할 수 없었습니다. 그러다 보니 사는 게 재미도 없었지요. 그럴 즈음 「모던 타임스」를 보게 됩니다.

영화 「모던 타임스」의 한 장면. 기계 부속품으로 전락한 인간의 모습을 보여준다.

「모던 타임스」는 찰리 채플린이 1936년에 제작한 영화입니다. 이 영화의 주인공은 낡은 연미복 차림에 신사처럼 지팡이를 들고 있습니다. 그런데 사실 그는 돈 한 푼 없는 가난뱅이였습니다. 굶기를 밥 먹듯이 하다가 '전기철강주식회사'의 기계공으로 취직하는데, 그가 맡은 일은 아주 단순했습니다. 쉴 새 없이 움직이는 컨베이어 벨트 앞에 서서 두 개의 나사를 조이기만 하면 되는 일이었지요. 그는 하루 종일 나사를 조입니다. 화장실 갈 시간도 없습니다. 컨베이어 벨트는 쉬지 않고 돌아가기 때문입니다. 결국 주인공은 자신이 사람인지 기계인지 분간조차 할 수 없게 됩니다. 심지어 잠깐 정신을 놓친 사이에 컨베이어 벨트 안으로 빨려 들어가는 수난까지 겪게 되지요. 컨베이어 벨트 안에 있는 거대한 톱니바퀴의 움직임에 따라 그의 몸은 빙글빙글 돕니다. 톱니바퀴에서 겨우 빠져나온 뒤에도 그는 나사를 돌리는 시늉을 멈추지 못합니다. 자신이 '나사 돌리는 기계'가 되었다고 생각하니까요.

철수는 영화 속 인물의 이야기가 자신의 이야기처럼 느껴졌습니다. 철수도 컨베이어 벨트 앞에서 똑같은 일을 반복하고 있었고, 스스로 기계가 된 것 같다는 생각이 들었기 때문이지요.

컨베이어 벨트는 1908년 미국의 기업가 헨리 포드가 만든 이동 조립식 기계 장치입니다. 당시 자동차 회사에서는 자동차 한 대를 만들기 위해 18단계의 생산 공정을 거쳤습니다. 포드는 이를 7,882단계로 나누었습니다. 컨베이어 벨트가 있기에 가능한 일이었지요.

컨베이어 벨트 앞에 서 있는 노동자는 벨트가 움직이는 속도에 맞춰 똑같은 일을 반복하기만 하면 됩니다. 기계의 속도에 맞춰 각자 맡은 일만 하다 보면 짧은 시간 안에 많은 양의 자동차를 만들 수 있었지요. 실제로 포드는 7만 대에 불과했던 생산량을 단 1년 만에 180만 대로 늘렸습니다. 생산량이 늘자 자연히 자동차 가격은 떨어졌습니다. 1913년 당시 자동차 가격은 평균 2,129달러였지만 포드의 공장에서 생산한 자동차는 850달러에 불과했습니다. 일반 사람들은 비싸서 엄두도 내지 못했던 자동차를 굉장히 싸게 내놓은 것이지요. 그렇다고 기존의 자동차보다 질이 떨어진 것도 아니었습니다.

포드가 발명한 컨베이어 벨트는 생산 시간을 파격적으로 줄이고 대량생산을 가능하게 만들었습니다. 덕분에 사람들은 싼값에 자동차를 구입할 수 있게 되었지요. 하지만 자동차 회사의 노동자는 자동차 만드는 법을 알지 못하게 되었습니다. 기계 앞에서 부속품의 나사를 끼우는 정도의 일만 하면 되었으니까요. 이러한 일을 '분업화'라고 하는데, 일을 나누어서 하는 형태를 뜻합니다. 그렇다고 노동의 강도나 노동량이 줄어든 것은 아니었습니다. 어차피 노동자에게는 작업 시간이 정해져 있으니까요. 오히려 끊임없이 돌아가는 컨베이어 벨트 때문에 쉴 틈이 없게 되었지요. 고용주들은 컨베이어 벨트가 잠시라도 멈추는 것을 바라지 않았습니다. 기계가 쉬면 이익도 그만큼 줄어들기 때문이지요.

사실 컨베이어 벨트가 발명되기 이전에도 분업화는 있었습니다. 다만 이처럼 잘게 쪼개어지지 않았을 뿐입니다. 산업혁명 이후 분업화가 성행했던 것은 효율성 때문이었습니다. 영국의 경제학자 애덤 스미스는 『국부론』에서 분업화의 장점을 다음과 같이 설명하면서, 산업에서 분업화가 이루어진 나라를 발전된 나라라고 판단했습니다.

1. 한 가지 일만 함으로써 노동자 각자의 숙련도가 높아진다.
2. 한 가지 일로부터 다른 일로 옮길 때 허비하는 시간이 줄어든다.
3. 노동을 수월하고 단순하게 해주는 많은 기계의 발명으로 한 사람이 많은 사람의 일을 할 수 있게 된다.

스미스가 말하는 '발전된 사회'란 어떤 의미일까요? 분업은 그가 말한 대로 대량생산을 가능하게 했습니다. 대량생산으로 물건의 값이 떨어졌고, 더 많은 사람이 더 많은 물건을 사용할 수 있게 되었습니다. 오늘날 우리도 분업화의 혜택을 보고 있습니다. 대부분의 상품을 싸게 구입할 수 있는 것은 분업화로 인한 대량생산 덕분이니까요. 하지만 분업화는 인간의 노동을 단순화하고 잘게 조각내었습니다.

만약 철수가 분업화 이전의 사회에 살았다면 자전거 한 대를 완성하기 위해 자전거 제작 과정 전체를 알고 있어야 했을 것입니다. 설계도를 만들고, 그에 필요한 부속품을 구입하고, 그 부속품을 끼워 맞추고, 자전거에 색을 입히는 모든 일을 해내야 했겠지요. 분업화된 노동이 아니기에 그 과정은 까다롭고 힘들 수도 있습니다. 하지만 철수는 자신의 손에서 탄생한 자전거를 보며 이렇게 말했겠지요.

"이 자전거, 내가 만들었어."

그러나 지금의 철수는 이러한 말을 누구에게도 할 수 없습니다. 이는 철수의 자존감에 큰 상처를 입히는 일이었습니다. 무언가를 만들어내는 사람이 아니라 무언가를 만들기 위한 도구가 되어버렸으니까요. 그런데 분업화는 노동자의 자존감을 무너뜨리는 데에서 끝나지 않습니다. 분업화는 노동자를 도구화함으로써 언제든 대체 가능한 존재로 만들어버렸습니다. 이는 고용주가 노동자를 쉽게 해고할 수 있는 근거가 되었습니다. 고용주로서는 높은 임금을 요구하거나 자기 말을 듣지 않는 노동자를 굳이 쓸 필요가 없게 된 것이지요. 누구를 고용하든 단순노동을 할 수 없는 사람은 없으니까요. 그리고 고용주는 노동환경을 개선하려고 애쓰지 않아도 되었습니다. 낮은 임금, 쉬운 해고, 열악한 작업환경, 비인격적 대우 등의 상황이 펼쳐져도 노동자는 일자리를 잃지 않기 위해 참아냈기 때문이지요.

이 같은 상황은 오늘날에도 변함없습니다. KTX 승무원들이 파업을 해도 열차는 평상시와 다름없이 제시간에 달립니다. 파업한 승무원들을 대신해 일할 사람은 많았던 것이지요. 자본가와 노동자는 서로 필요한 것을 주고받는 관계입니다. 그러므로 서로 평등해야 합니다. 하지만 자본주의사회에서 자본은 노동에 비해 훨씬 강력한 힘을 발휘합니다. '평등한 관계'라는 건 이론에 불과할 뿐입니다.

현실은 노동자 개개인은 자본가인 고용주에게 대항할 힘이 없다는 것입니다. 자본가가 쥐고 있는 아주 큰 무기 '해고'는 노동자를 쉽게 굴복시킵니다. 이러한 현실에서 노동자는 어떻게 자신의 목소리를 내고, 자신의 권리를 주장할 수 있을까요? 우리는 그 답을 노동법과 노동3권에서 찾을 수 있습니다.

노동법과 노동조합

노동자 전태일1948~1970년은 열일곱 살때부터 평화시장의 봉제 공장에서 재단사 보조로 일하기 시작했습니다. 노동자 중에는 전태일처럼 초등학교도 졸업하지 못하고 공장으로 내몰린 아이들이 많았습니다. 전태일의 일기에는 당시 노동자의 삶이 얼마나 힘들었는지를 보여주는 글이 있습니다.

> 정말 하루하루가 못 견디게 괴로움의 연속이다. 아침 8시부터 저녁 11시까지 하루 15시간을 칼질과 다리미질을 하며 지내야 하는 괴로움, 허리가 결리고 손바닥이 부르터 피가 나고, 손목과 다리가 조금도 쉬지 않고 아프니 정말 죽고 싶다.

하루 15시간 일하고 받는 돈은 고작 50원이었습니다. 당시 커피 한 잔 값에 불과한 금액이었지요. 그러던 어느 날 전태일은 정말 이해할 수 없는 일을 경험하게 됩니다. 함께 일하던 여공이 폐렴에 걸렸다는 이유로 해고된 일이었지요. 환기가 되지 않는 좁은 작업장에서 화장실 갈 시간도 없이 일해야만 했던 여공의 건강에 문제가 생긴 건 어쩌면 당연한 결과였습니다. 고용주는 작업환경 때문에 병에 걸린 노동자에 대한 책임을 져야 합니다. 그런데 고용주는 오히려 여공을 해고하는 것으로 문제를 해결해버렸지요. 여공을 도와 해고의 부당함을 항의했던 전태일 역시 해고되고 맙니다. 이후 전태일은 노동운동에 관심을 가지게 되고, 한국에도 엄연히 노동법이 있다는 것을 알게 됩니다.

노동법은 노동관계를 법률로 규정한 것입니다. 노동법에 따르면,

전태일 열사가 평화시장에 시다로 갓 취직했을 때 동료 시다, 미싱 보조들과 함께 찍은 사진(뒷줄 왼쪽에서 세 번째가 전태일).

노동자는 적절한 노동시간과 휴식 시간이 보장되어야 합니다. 또 자본가는 노동자의 안전과 보건에 힘써야 할 책임이 있습니다. 하지만 고용주는 노동법을 지키지 않았고, 노동자는 노동법이 있다는 것조차 알지 못했지요. 전태일은 노동법이 지켜지지 않는 노동 현장의 현실을 정치권과 언론에 알리기 시작했습니다. 하지만 정치권과 언론은 그의 말을 귀담아듣지 않았습니다. 결국 전태일은 1970년 11월 13일 자신의 몸에 석유를 끼얹고 불을 붙여 죽어가면서도 "근로기준법을 준수하라! 우리는 기계가 아니다!"라고 외쳐야 했습니다. 그때 그의 나이 겨우 스물두 살이었습니다.

전태일의 죽음은 우리 사회에서 '노동법'을 다시 생각하도록 만든 계기가 되었습니다. 그렇다고 자본가가 노동법을 곧바로 지킨 것은 아니었습니다. 만약 노동자 철수가 노동법을 지키라고 요구한다면 자본가는 철수를 해고하는 것으로 문제를 해결해버릴 것입니다. 세상에는 철수 말고도 노동자는 얼마든지 많으니까요. 그렇다면 철수는 어떻게 법으로 정해진 자신의 권리를 지켜낼 수 있을까요?

노동자와 자본가의 일대일 싸움은 애당초 힘의 균형이 맞지 않습니다. 노동자의 노동력이 1의 힘을 가지고 있다면, 자본가의 자본은 그보다 큰 100 또는 1,000 이상의 힘을 가지고 있습니다. 그렇기 때문에 노동자가 자본가와 상대하기 위해선 그들이 가진 1의 힘을 100이나 1,000이 되도록 모아야 합니다. 한 명의 노동자가 말하는 것보다 1,000명의 노동자가 말할 때 노동자의 말은 더 큰 힘을 발휘하게 됩니다. 이처럼 노동자들이 집단을 이루어 자신들의 권리를 지키고자 만든 단체가 '노동조합'입니다.

노동조합의 발생 시기는 산업혁명 초기로 올라갑니다. 산업혁명 초기, 노동자들은 휴일도 없이 장시간 노동에 시달려야 했습니다. 게다가 자본가는 아무런 법적 제재도 받지 않고 노동자를 마음대로 해고할 수 있었습니다. 이러한 상황에서 노동자는 자신의 권리를 지키기 위해 단체 행동을 하기 시작한 것이지요. 그때만 해도 노동자의 단체 행동은 불법이었습니다. 노동자가 자본가에 대항할 수 있는 유일한 방법이었지만 정부는 이를 허용하지 않았습니다. 심지어 영국에서는 1799년에 '단결금지법'을 만들기까지 했습니다. 단체 행동은 사회질서를 어지럽힌다는 것이 이유였지요. 하지만 진짜 이유는 노동조합이 자본가라는 기득권의 이익에 반하기 때문이었습니다. 노동자들은 노동조합을 법적으로 인정받고자 많은 노력을 기울였습니다. 대규모 총파업으로 정부에 압력을 가하기도 했지요. 결국 영국 정부는 1824년에 단결금지법을 폐지했고, 노동조합은 법적인 지위를 얻게 되었지요.

한국 노동자들도 노동조합을 결성하여 임금, 노동시간, 노동환경의 개선을 요구해왔습니다. 해방 직후인 1946년에는 노동조합 수만 1,179개였고, 노동조합에 가입한 노동자는 20만 4,000여 명에 이르렀습니다. 하지만 1948년 대한민국 정부 수립 이후 법적으로 인정받은 노동조합은 '대한노동총연맹'이 유일했습니다. 사실 대한노동총연맹은 노동자들이 스스로 만든 단체도 아니었습니다. 정치권에서 노동조합운동을 방해하기 위해 만든 것이었지요. 대한노동총연맹 외의 모든 노동조합은 불법으로 취급되었고, 거센 탄압을 받아야 했습니다. 결국 노동조합운동이 자유롭지 못한 상황이다 보니 '노동법'이 있어도 잘 지켜지지 않았습니다. 이러한 상황은 전태일이 '삼동친목회'를 조직한 1970년대까지 이어졌습니다. 삼동친목회 활동 역시 자본가와 정치권의 방해와 탄압을 받게 됩니다.

전태일의 분신자살은 노동자가 노동조합운동의 필요성을 절실하게 깨닫게 만드는 사건이었습니다. 실제로 이후 민주노조운동이 적극적으로 전개되었고, 그에 따른 정권의 탄압도 극심해졌습니다. 노동자들이 움직이면 자본가는 정치권과 결탁하여 노동자를 억압하려 들었습니다. 이 같은 일은 이후로도 반복적으로 일어납니다. 하지만 이러한 억압은 오히려 더 큰 반발을 일으켜 1987년 7~9월 전국적으로 '노동자 대투쟁'이 일어나게 됩니다. 이를 계기로 민주노조운동이 확산되었고, 1995년 11월 11일 '전국민주노동조합총연맹(민주노총)'이 조직되었습니다.

이런 일들은 비단 한국에서만 일어나는 특수한 상황은 아닙니다. 대부분의 자본주의 국가에서 벌어지는 행태였습니다. 자본가들은 노동자들을 쉽게 해고할 수 있고 낮은 임금을 주며 업무 시간 외 일을 시켜도 노동자가 항의할 수 없도록 하려 합니다. 이런 일을 마음대로 할 수 없도록 하는 것이 바로 노동조합입니다.

민주노총

민주노총은 산업별로 조직화된 노동조합의 전국 중앙조직으로 한국의 대표적인 노동조합 총연맹 중 하나입니다. 민주노총은 1994년 11월에 민주노총준비위원회를 결성하고 이듬해 1995년 11월에 창립대의원대회를 개최하여 정식으로 출범했습니다. 당시 민주노총의 조합원은 42만여 명이었지만 현재 이 두 배에 가까운 78만 6,563명(2018년 1월 기준)의 조합원이 활동하고 있습니다. 민주노총은 '노동조건의 확보, 노동기본권의 쟁취, 노동 현장의 비민주적 요소 척결, 산업재해 추방과 남녀평등의 실현'을 목표로 활동하고 있습니다.

노동법은 언제 만들어졌을까?

노동법은 1802년 영국에서 처음 만들어졌습니다. 산업혁명 초기, 많은 아이들이 학교 대신 공장으로 갔습니다. 이 아동 노동자의 인권을 보호하고자 노동법을 제정한 것이지요. 그렇다 보니 초창기 노동법은 아동 노동자만을 대상으로 했습니다. 그러다가 나중에는 모든 노동자를 대상으로 하게 되었지요.
한국의 노동법은 1953년에 '근로기준법'이라는 이름으로 제정되었고, 1997년 3월 13일 새 '근로기준법'이 제정된 이후 현재까지 계속 개정이 이루어져왔습니다.

자본가와 노동자, 그리고 국가

19세기 독일의 법학자 루돌프 폰 예링은 "법의 목적은 평화이며, 그것을 위한 수단은 투쟁이다"라고 했습니다. 국가, 자본가, 노동자의 삼각관계에서 노동자는 늘 약자였습니다. 물리적 숫자로 따지면 노동자가 훨씬 많지만 국가와 자본가의 권력과 부는 다수의 사람들이 마땅히 가져야 하는 권리를 아주 쉽게 뭉개버리곤 했습니다. 이러한 힘 앞에서 개개인은 무력하게 당해왔지만 그 개개인이 힘을 모은 투쟁은 새로운 질서를 만들어내기도 합니다. 이러한 투쟁의 결과물로 노동3권은 헌법과 법률로 보장되어 있습니다.

노동3권은 단결권, 단체교섭권, 단체행동권을 말합니다. 단결권은 노동자가 노조를 설립하고 가입할 수 있는 권리입니다. 노동자가 자신의 노동조건을 유지·개선하기 위해 단체를 결성할 수 있는 권리이지요. 얼핏 생각하면, 이러한 권리는 아주 당연하게 여겨집니다. 문제라고 여기는 일을 혼자 주장하는 것보다 여럿이 함께 주장하는 것이 더 효과적이라는 건 어린아이도 아는 사실입니다. 그리고 이러한 일은 방해를 받아서도 안 됩니다.

단체교섭권은 노동자가 노동조건을 유지·개선하기 위해 단결하여 사용자와 교섭하는 권리를 말합니다. 단결권이 노동조합을 법적으로 인정한 것이라면, 단체교섭권은 노동조합이 기업을 상대로 근로조건, 임금 협상, 복지시설 등의 구체적인 사항을 협의할 수 있는 권리입니다. 노동시간, 노동임금, 노동환경 등에서 노동자는 제 목소리를 낼 수가 없었습니다. 하지만 단체교섭권이 생기면서 노동자는 자신의 권리를 구체적으로 주장하고 그것을 자본가와 협의하여 조정할 수 있는 힘을 얻게 되었습니다.

단체행동권은 노동자가 근로조건의 유지·개선을 위해 자본가에 대항하여 단체적인 행동을 할 수 있는 기본권입니다. 단체교섭권으로도 노동자가 자신의 권리를 획득할 수 없다면 노동자는 당연히 행동에 들어갈 수밖에 없습니다. 노동자가 단체로 저항하는 방식은 '파업'입니다. 파업은 노동자가 자신의 요구를 관철하기 위해 생산 활동이나 업무 수행을 일시적으로 중단하는 집단행동입니다.

파업의 형태는 크게 두 가지로 나뉩니다. 하나는 노동자가 속한 기업을 상대로 하는 파업으로, 단체교섭권의 요구를 관철하기 위해 이루어집니다. 주로 임금 협상, 노동환경 개선, 노동시간 조정 등이 목적이지요. 다른 하나는 전국적으로 펼쳐지는 동맹파업입니다. 각 사업장의 노조는 분야별 노조로 동맹할 수 있습니다. 이를테면 '금속노조' 같은 것이지요. 금속 관련 사업체마다 조직된 노조가 연대하여 전국 단위의 금속노조를 만드는 식입니다. 각 분야별 노조는 분야와 상관없이 '하나의 노조'로 연대하기도 합니다. 즉, 노조에 가입된 모든 노동자는 자연스럽게 '민주노총'의 조합원이 되는 것이지요. 민주노총의 파업은 전국적으로 펼쳐집니다. 이를 '총파업'이라고 합니다. 총파업은 개별 사업장의 파업과 달리 정부를 상대로 합니다. 노동자의 권리를 법적·제도적으로 개선하기 위해서이지요.

한국에서 노동3권은 헌법 제33조 제1항에 명시되어 있습니다. 노동자는 경제적 약자라는 점을 인정받아 노동3권이 법으로 보장된 것입니다. 그리고 노동3권을 구체화, 현실화한 것이 '노동조합 및 노동관계조정법(노조법)'입니다. 노조법은 노동조합의 결성, 쟁의 행위 등에 관한 상세한 법률적 기준과 절차를 규정하고 있습니다. 그와 함께 노동조합이 조합원 과반수의 찬성을 얻어 단체행동권을 행사할 때 관계 법령을 어기고 사회질서를 어지럽혀서는 안 된다고 명시해 두었습니다. 사회질서를 어지럽히는 행위란 폭력적이고 파괴적인 행동을 말합니다. 그런데 '폭력적이고 파괴적인 행동'이라는 말에는 '귀에 걸면 귀걸이 코에 걸면 코걸이' 식으로 해석될 수 있는 여지가 많습니다. 법률이 어떠하든 정부나 기업은 파업을 늘 불편한 시각으로 봅니다. 그래서 정부는 파업이 일어날 때마다 불법행위라고 꼬투리를 잡거나 정치적인 선전을 펼치기도 합니다. 이를테면 '나라 경제가 위기 상황인데 노동자들이 파업을 하고 있을 때냐', '너희들 참 이기적이다. 너희들 파업으로 다른 사람이 피해를 보는데도 꼭 해야겠냐?' 같은 식이지요. 이러한 논리는 많은 국민들에게 호응을 얻기도 합니다. 철수 아버지도 그랬습니다. 도시철도공사의 노동자들이 파업을 하자 당장 이렇게 투덜거립니다.

'왜 파업하고 난리야? 회사까지 걸어가야겠네. 이기적인 놈들. 자기들 임금 협상하는데 왜 내가 피해를 봐야 해?'

아들인 철수가 도시철도공사의 노동자가 될 수도 있다는 건 생각도 하지 않습니다. 그런데 철수는 자전거 회사를 그만둔 뒤 도시철도공사에 취직하게 되었습니다. 철수 아버지가 욕했던 그 노동자들의 파업으로 노동환경이 더 나아진 회사에 말이지요. 그때에야 철수 아버지는 도시철도공사의 파업이 남의 일이 아니라 자신의 일이 될 수도 있음을 깨달았지요.

노동3권은 법률로 규정되어 있습니다. 하지만 법으로 규정되어 있다고 해서 노동자의 권리가 백 퍼센트 인정되는 것은 아닙니다. 현실은 때로 법과 상관없이 흘러가는 경우가 많습니다. 따라서 법 제정도 중요하지만 그에 못지않게 그 법이 유지되고 지켜지도록 하는 것도 중요합니다. 노동자가 끊임없이 노동운동을 펼칠 수밖에 없는 이유는 바로 이 때문입니다.

노동시장의 유연화, 비정규직화

철수 아버지는 치킨집을 운영하고 있습니다. 2년 전 직장을 그만둔 뒤 마땅한 일자리를 구하지 못해 아예 창업을 하게 된 것이지요. 사실 철수 아버지는 장사에는 영 소질이 없었습니다. 그냥 정년퇴직을 할 생각이었지요. 정년퇴직은 일정한 나이가 되면 회사를 그만두는 것을 말합니다. 기업마다 차이가 있기는 하지만 대체로 60세 전후로 정해져 있습니다.

철수 아버지도 여느 직장인과 마찬가지로 정년퇴직을 원했습니다. 하지만 구조조정으로 인해 회사를 그만둘 수밖에 없었습니다. 구조조정은 경영난에 빠지거나 경쟁력이 악화된 기업이 노동력을 감축하거나 임금을 삭감하거나 자산을 매각하는 방법으로 위기를 벗어나는 방식입니다. 어쨌든 기업은 살려야 한다는 인식에 구조조정은 사회적으로 설득력을 얻기도 합니다.

"나, 너희들 임금 주기 정말 힘들어. 그래서 말인데, 미안하지만 회사에서 나가줄래?"

기업이 이렇게 말한다고 당장 직장을 잃게 된 노동자가 '그래, 그렇구나. 네가 어렵다고 하니 내가 따를게'라고 할 수는 없지요. 그래서 항의라도 할라치면 사회적으로 비난의 화살을 맞게 됩니다.

"우리 경제가 힘들다고 몇 번을 말해? 그런데 넌 네 밥그릇만 챙기니?"

우리는 이 과정에서 근본적인 의문을 가져야 합니다. 기업의 경쟁력이 악화된 원인이 정말 노동자에게 지불하는 임금 때문일까요? 그동안 노동자가 임금을 많이 가져가서 기업이 힘들어진 것일까요? 또 노동력을 감축하고 임금을 삭감하면 기업의 경쟁력이 나아지는 것일까요?

기업의 경영이 악화된 원인에는 여러 가지가 있습니다. 내부적으로는 방만한 경영, 재무 구조의 부실, 문어발식 사업 확장 등을 들 수 있습니다. 외부적으로는 전 세계 경기의 하락, 국내 경제의 위기 등을 꼽을 수 있지요. 이에 더해 재벌이 기업의 자금을 비자금으로 조성하여 자신들의 호주머니에 챙겨 넣는 것도 한 요인이 됩니다. 재벌은 가족 및 친족을 중심으로 경영권을 행사하고 정부의 지원 아래 성장한 대규모 기업 집단을 일컫는 말입니다. 한국 정부는 아주 오랫동안 이들에게 많은 특혜를 안겨주었습니다. 시장을 독점하여 이득을 챙기도록 내버려두었고, 차명 계좌를 만들어 기업의 재산을 사적으로 빼돌려도 눈감아주었습니다. 방만한 경영으로 문제가 생기면 정부가 발 벗고 나서서 국민들의 세금으로 지원해주기도 했습니다. 그러니 경영 악화의 원인을 노동자의 임금에 두는 건 이상한 계산법이지요. 그런데 우리 사회는 이 계산법을 시시때때로 사용합니다. 노동자의 임금을 삭감하거나 노동자를 해고하여 아낀 비용으로 모든 문제를 해결할 수 있다고 여깁니다. 재벌들이 자기들 호주머니에 챙겨넣는 돈이나 임원진이 일반 노동자에 비해 수십 수백 배는 더 높게 받는 임금은 결코 건드리지 않으면서 말이지요. 이러한 논리에 따라 철수 아버지도 20여 년을 일했던 회사에서 해고되고 만 것입니다.

1997년 IMF 사태 발생 전만 해도 기업은 노동자를 함부로 해고할 수 없었습니다. IMF 사태는 국가 부도 위기에 처한 한국이 국제통화기금IMF에 구제금융을 신청하게 된 일을 말합니다. 당시 한국은 외환관리의 실패, 기업의 방만한 투자, 미국 내수 경제의 침체로 인한 수출 감소 등의 문제로 경제적 파탄에 이르게 되었습니다. 이러한 위기를 극복하고자 한국 정부는 IMF의 구제금융 양해 각서에 합의하고 210억 달러(약 22조 4,800억)의 재정 지원을 받게 됩니다. 좀 더 쉽게 말하자면, 한국이 IMF에서 대출을 받은 셈이지요. 한국 정부는 210억 달러를 갚고자 경제정책을 대대적으로 수정합니다. 이때 정부가 내놓은 정책 중의 하나가 '노동시장의 유연화'였습니다. 이 정책의 요지는 '기업이 노동력에 지불하는 비용을 줄여 경쟁력을 갖추게 한다'입니다. 그러니까 기업은 필요한 만큼 노동자를 고용했다가 경영

1997년 IMF 사태 이후 범국민적으로 벌어진 금 모으기 운동. 국민들이 내놓은 금을 정부가 구입한 다음 수출하여 달러로 바꾸고 그 돈으로 외환보유고를 늘린다는 취지하에 이루어졌다.

이 어려워지면 노동자를 쉽게 해고할 수 있게 된 것입니다. 이를 위해 기업은 대부분의 노동자를 '비정규직화'했지요.

비정규직 노동자는 크게 세 가지 어려움을 겪게 됩니다. 첫째는 임금 차별입니다. 철수는 영희와 같은 회사를 다닙니다. 하는 일도 같고 노동시간, 노동 강도도 같지요. 그런데 철수는 월 150만 원, 영희는 월 250만 원을 받습니다. 이유는 철수가 비정규직이기 때문입니다. 비정규직은 정규직 노동자에 비해 월급이 적습니다. 둘째는 미래에 대한 불안감입니다. 철수는 1년 계약직입니다. 그러니까 1년 뒤에는 자동적으로 실업자가 됩니다. 일하고는 있지만 늘 미래가 불안하지요. 계약이 끝난 뒤 다른 직장을 구하지 못하면 어쩌나 하는 불안감 때문에 적금이나 주택부금 같은 건 꿈도 꾸지 못합니다. 월급을 받지 못하면 매달 일정하게 들어가는 돈이 큰 부담이 될 테니까요. 셋째는 부당 해고의 위험입니다. 철수는 언제든지 해고당할 수 있습니다. 계약 기간 중간에 고용주가 아무 이유 없이 해고하더라도 철수는 그냥 쫓겨날 수밖에 없습니다. 하지만 영희는 부당 해고의 위험에서 조금 비켜나 있습니다. 고용주가 정규직 노동자를 이유 없이 해고하는 것은 법으로 금지되어 있기 때문입니다. 그렇다고 고용주가 영희를 해고하지 못하는 것은 아닙니다. 다만 철수를 해고할 때보다 더 타당한 이유를 들어야 하고 더 복잡한 절차를 거쳐야 합니다.

이처럼 비정규직 노동자는 임금 차별, 미래에 대한 불안감, 부당 해고의 위험을 안고 있습니다. 반면에 자본가인 고용주는 노동력을 쉽게 썼다가 쉽게 버릴 수 있게 되었습니다. 어찌 되었든 비정규직 노동자의 삶이 생계의 위험과 미래에 대한 불안감에 노출되어서는 안 됩니다. 이를 위해선 사회안전망을 만드는 것이 우선입니다. 일단 비정규직 노동자와 정규직 노동자 간의 임금 격차가 없어져야 합니다. 동일한 노동, 동일한 노동시간, 동일한 노동 강도일 경우에는 동일한 임금을 받을 수 있도록 제도화해야 합니다. 이와 더불어 계약 기간이 끝나면 바로 다른 직장을 찾을 수 있는 고용 시스템이 잘 갖춰져 있어야 합니다.

사회보장제도가 없는 '노동시장의 유연화 정책'은 노동자에게는 독소로만 작용합니다. 또한 노동자의 희생을 강요하며 기업의 성장만을 추구하게 됩니다.

비정규직의 고용 형태

비정규직 노동은 크게 기간제 노동, 단시간 노동, 파견 노동으로 분류됩니다. 철수처럼 일정한 기간에만 일하기로 계약하는 노동 형태가 기간제 노동입니다. 단시간 노동은 시급제 노동입니다. 시간 단위로 임금을 받는 것이지요. 편의점 아르바이트가 대부분 단시간 노동에 속한다고 할 수 있습니다. 파견 노동은 고용된 회사에서 일하지 않고 다른 곳으로 가서 일하는 것을 말합니다. 고용주가 노동자를 직접 고용하지 않고 인력업체에 요청하여 노동자를 구하기도 합니다. 이때 인력업체는 노동자가 받는 임금의 일정 부분을 수수료로 받습니다. 그렇기 때문에 파견 노동자는 직장에서 받는 임금을 고스란히 자기 몫으로 챙길 수가 없는 단점이 있습니다. 그럼에도 돈을 벌어야 하는 노동자는 인력업체를 통해서라도 일자리를 찾으려고 애쓰는 것이지요.

최저임금제를 둘러싼 갈등

철수는 며칠 전 뉴스를 접하곤 '세상에, 이런 일이' 하며 개탄했습니다. 아르바이트생이 장당 20원 하는 비닐봉지 두 장을 훔쳤다며 편의점 업주가 아르바이트생을 신고한 사건이었습니다. 그런데 편의점 업주가 아르바이트생을 신고한 진짜 이유는 아르바이트생이 최저임금을 요구했기 때문이라는 것입니다.

철수는 문득 궁금해졌습니다.

'최저임금제가 뭐지? 이게 뭐기에 업주가 이런 일까지 벌인 거야?'

최저임금제는 고용주가 노동자에게 임금의 최저 수준을 보장하도록 법으로 강제한 제도입니다. 모든 노동자가 최소한의 생계를 꾸릴 만큼의 임금은 받아야 한다는 사회적 합의에 따라 만든 제도이지요. 또 이 제도는 최저임금을 보장함으로써 임금 불평등을 조금이나마 해소하고, 노동자의 생활을 보장하려는 목적도 있습니다.

최저임금제를 처음 도입한 나라는 미국입니다. 1933년 미국은 연방 최저임금제를 도입하여 최하위층의 불평등한 임금을 개선하고자 했습니다. 프랑스와 영국 등 유럽 국가는 그 후 20년이 지나서야 최저임금을 도입하기 시작했지요. 우리나라에서는 1988년 1월에 처음으로 최저임금제가 시행되었습니다. 그보다 앞선 1953년에도 근로기준법에 최저임금제에 대한 조항이 있기는 했습니다. 하지만 1950년대의 한국 경제 사정으로는 최저임금제를 수용하기 힘들다 하여 실제로 시행되지는 않았습니다. 그런데 이는 노동자의 처지는 무시하고 고용주의 형편만 반영된 것입니다.

만약 최저임금제를 법률로 정하지 않고 고용주에게만 맡기면 어떻게 될까요? 당연히 고용주는 자신에게 유리한 조건으로 노동자의 임금을 정하려 할 것입니다. 노동자는 고용주의 조건을 받아들일 수밖에 없습니다. 고용주는 언제든지 노동자를 해고할 수 있는 권력을 지니고 있으니까요. 그러므로 정부는 칼자루를 쥔 자본가로부터 노동자의 권리를 보호할 수 있는 최소한의 장치를 마련해야 합니다. 하지만 정부는 자본가의 편에 서서 '최저임금제는 국가 경제 발전을 침해할 수도 있으니 당분간은 참아라'라고만 해왔습니다. 저임금이 국가 경제 발전과 어떤 관련이 있기에 이렇게 말하는 것일까요?

자본주의사회에서 상품 가격은 원가에 따라 측정됩니다. 이를테면 원가가 100원인 볼펜 한 자루를 500원에 팔면 400원의 이익을 남길 수 있지요. 원가가 200원이면 이익은 300원에 불과합니다. 상품의 원가는 생산 기기, 원료, 지대, 임금 등을 합산한 가격입니다. 임금이 높으면 당연히 상품의 원가도 높아져 자본가에게 돌아갈 이익은 그만큼 줄어들겠지요. 그래서 자본가는 노동자의 임금을 줄여서라도 더 많은 이익을 챙기려 합니다. 여기서 착취가 시작되는 것이지요. 착취는 자본가와 노동자의 갈등을 유발합니다. 정부는 이러한 갈등을 조정하는 역할을 해야 합니다. 그런데 정부가 자본가의 편에 서게 되면 노동자에 대한 탄압이 일어나는 것이지요.

정부가 노동자를 탄압하는 방식은 크게 두 가지입니다. 하나는 공권력을 투입하여 노동자의 투쟁을 무력으로 진압하는 것입니다. 노동자가 파업에 돌입하게 되면 정부는 으레 경찰력을 동원하여 노동자를 탄압하곤 했습니다.

다른 하나는 노동자의 투쟁을 사회 구성원들에게 '위험한 일'로 각인시키는 것입니다. 이를 위해 정부는 먼저 정치적으로나 경제적으로 한국 사회가 힘든 상황에 처했음을 부각합니다. 이를테면 세계적 경제 불황, 국내 경제성장의 하락 등을 현실보다 좀 더 과장해서 호

들갑을 떠는 것이지요. 그런 다음 사회 구성원 모두 한마음으로 위기를 극복해야 한다는 '사회통합론'을 해결책으로 제시합니다. 그런데 '사회 통합'이라고 하고서는 노동자의 일방적인 희생만을 요구합니다. 노조의 투쟁이 사회를 혼란스럽게 하니 당분간 자제하라는 것이지요. 반면에 자본가들에게는 희생을 요구하지 않습니다. 이렇게 '통합'이라는 말은 사회를 비판할 수밖에 없는 상황에 놓인 사람들에게 '지금까지 그래왔던 것처럼 계속 참고 견뎌라'는 메시지를 세련되게 던지는 일종의 경고와도 같은 것이 되곤 했습니다.

해마다 최저임금을 조정해야 하는 때가 오면 노동자와 자본가의 갈등은 극심해집니다. 최저임금 인상을 요구하는 쪽은 현재의 최저임금은 최저생활비에 미치지 못한다고 봅니다. 물가는 나날이 상승하는데 최저임금이 제자리라면 당연히 가계경제는 어려울 수밖에 없습니다. 또 임금 격차로 인한 부의 양극화를 조금이라도 개선하여 노동자들의 생활수준을 향상시키는 것은 노동생산성을 올리는 데에도 도움이 됩니다. 최저임금제의 본질은 인간이 인간답게 살 수 있도록 임금의 최저 수준을 보장하는 것에 있습니다.

최저임금 인상을 반대하는 쪽에서는 최저임금 인상으로 기업의 경영 상태가 악화될 것이라는 주장을 펼칩니다. 물론 최저임금이 인상되면 인건비가 높아집니다. 그러면 재정 상태가 좋지 않은 기업은 경영이 악화되겠지요. 또 기업은 인건비 상승의 부담을 줄이기 위해 문화체육 시설이나 출퇴근 교통편 제공 등과 같은 복지시설을 운영하지 않을 수도 있다고 말합니다. 무엇보다 개인 사업자에게 가장 큰 부담이 되는데, 이는 고용을 축소하는 상황으로 이어질 수도 있다는 것입니다. 고용주들은 인건비 부담으로 직원을 줄이는 대신 무인 시스템을 도입하기도 합니다. 이처럼 최저임금 인상은 노동자에게서 일을 빼앗는 상황이 될 수도 있으니 노동자에게도 좋은 일이 아니라는 논리를 펼칩니다.

실제로 2017년 하반기에는 임금을 주지 않아도 되는 '무인 시스템 도입'에 관한 뉴스가 많았습니다. 2018년부터 전년 대비 16.4% 인상하기로 한 최저임금으로 인해 기업의 경영은 힘들어질 것이고, 문을 닫는 중소기업은 늘어날 것이며, 가뜩이나 어려운 자영업자들은 위기에 빠질 것이고, 노동자는 일자리를 잃게 될 것이라는 뉴스도 심심찮게 볼 수 있었지요. 이러한 뉴스는 경제 위기에 대한 불안감을 조성하여, 심지어 평생을 노동자로 산 사람조차 임금 인상은 아직 시기상조라고 생각하게 만듭니다. 철수 아버지도 최저임금 인상을 심각하게 고민하는 사람 중 한 사람이었습니다. 철수가 편의점이나 식당에서 아르바이트를 할 수도 있다는 생각은 아예 하지 않고 시급이 7,530원이나 되면 우리 경제는 위기에 빠질 것이라 생각합니다.

이러한 논리 역시 국가 경제 위기를 노동자의 책임으로 전가하고, 저임금만이 경제 안정화를 이룰 수 있다는 사고방식에서 기인한 것입니다. 그런데 정말 이 논리에 따라 최저임금 인상을 미룬다면 국가 경제는 더 발전하고, 기업의 경영은 더 나아지며, 자영업자의 장사는 더 잘 될까요?

자본주의 시장경제에서 소비는 생산과 유통을 활성화하고 기업이나 자영업자에게 이윤을 가져다주는 역할을 합니다. 소비 없는 성장은 있을 수 없기에 정부는 틈만 나면 국민들에게 소비를 권장합니다. 그럼에도 사람들이 소비를 하지 않는 이유는 무엇일까요? 당연히 돈이 없어서입니다. 허리띠를 졸라매고 살아야 하는 형편에 소비가 가당키나 한가요? 하지만 정부는 이러한 현실을 무시한 채 '소비를 하지 않으니 경제가 돌지 않는다'고만 합니다.

국민 개개인의 소득이 높지 않은 국가는 부유할 수 없습니다. 국민 개개인이 가난한데도 그 국가의 경제성장률이 높게 나타난다면 대체로 대기업의 이익률 때문인 경우가 많습니다. 기업이 돈을 잘 번다고 국민이 잘살게 되는 것은 아닙니다. 기업이 경제적 이익을 사회에 환원하지도 않습니다. 게다가 기업은 이익 중 상당 부분이 노동 착취를 통해 이루어졌다는 사실은 애써 숨기려 합니다.

최저임금제는 정부나 기업이 노동자에게 베푸는 최소한의 배려가 아닙니다. 노동자가 마땅히 가져야 하는 권리 중의 하나입니다. 그러므로 최저임금은 매년 물가 수준에 맞춰 인상되어야 하며, 적어도 보편적 경제 수준에는 맞게 살 수 있는 금액에 맞춰져야 합니다.

◎ 블랙기업이 뭐예요?

2012년 일본의 한 시민 단체에서 '블랙기업 대상 기획위원회'를 구성하여 '블랙기업'을 선정하기 시작했습니다. 블랙기업은 청년 노동자들에게 저임금과 장시간 노동 등 열악한 노동환경을 강요하는 기업을 뜻하는 신조어입니다. 일종의 기업 블랙리스트 같은 것이지요.

블랙기업은 대체로 노동법을 무시하거나 교묘하게 악용하고 노동자의 인권을 침해하는 일을 일삼습니다. 구직자를 채용하여 강도 높은 노동을 시킨 뒤에 퇴직을 유도하기도 하고, 여러 이유를 들이대며 임금을 삭감하기도 하며, 폭언이나 집단 괴롭힘, 성추행 등으로 노동자의 인권을 침해하기도 합니다. 이러한 경험을 한 노동자들은 대개 우울증에 시달리거나 심하게는 자살이라는 극단적 선택까지 하게 됩니다. 이는 소수의 노동자에 한정된 일이 아니었기에 일본의 사회적 문제로 확대되기까지 했습니다.

한국 역시 이와 같은 문제를 겪고 있습니다. 일본처럼 '블랙기업'이라는 정확한 명칭이 없을 뿐이지, 청년 노동자나 비정규직을 대상으로 하는 기업들의 횡포가 공공연하게 자행되고 있습니다. 한국에서도 블랙기업의 현황을 파악하고 폭력에 노출된 노동자의 실태를 조사하여 대안을 마련하는 것이 필요한 상황입니다.

◎ '동일 노동, 동일 임금의 원칙'이 뭐예요?

스웨덴은 산업혁명 후 노동자와 자본가(또는 정부)의 갈등이 극심하여 크고 작은 분쟁이 끊이지 않았습니다. 스웨덴 노조는 총파업을 몇 번이나 단행하기도 했지요. 이 과정에서 노동자, 기업, 정부는 지속적으로 노동환경을 개선하기 위한 방안을 찾아나갑니다. 1938년에는 '살트세바덴 협약'을 맺어 정부는 노조 활동을 인정하고 노동자의 임금과 노동환경의 개선을 보장하게 됩니다. 1950년에는 '동일 노동, 동일 임금의 원칙'에 합의하게 됩니다. '동일 노동, 동일 임금'은 동일한 업종에서 일하는 노동자는 동일한 임금을 받도록 하는 것입니다. 한국에서는 동일한 업종의 일을 하더라도 대기업의 직원이 중소기업의 직원보다 더 많은 월급을 받습니다. 동일한 업종, 동일한 노동 강도, 동일한 노동시간임에도 기업마다 임금이 다릅니다. 하지만 스웨덴에서는 기업 간의 임금 격차를 줄이고 평등한 임금을 받을 수 있도록 '동일 노동, 동일 임금의 원칙'을 제도화했습니다. 이 원칙에 따라 모든 기업이 노동자에게 적정 수준의 임금을 지불하도록 되어 있지요.

그런데 이는 부실기업들에게는 큰 부담이었습니다. 매출이 좋은 기업의 임금 수준을 매출이 좋지 못한 기업에서는 따라가지 못했습니다. 결국 이러한 기업들은 자동적으로 퇴출되었습니다. 스웨덴의 사회적 · 경제적 분위기도 이러한 결과를 자연스럽게 받아들였지요. 문제는 퇴출된 기업의 노동자들까지 직장을 잃게 된다는 것인데, 스웨덴은 이러한 폐해를 제도적 보완 장치로 극복해 나갔습니다. 실업자들에게 실업보험금을 지급하고 재교육을 통한 재취업을 유도하는 등 고용 안정화 정책을 펼쳤지요.

'동일 노동, 동일 임금의 원칙'은 노동자 간의 임금 격차를 줄였을 뿐 아니라, 기업의 경쟁력을 높이는 데에도 한몫했습니다. 노동자에게 적정 수준의 임금을 줄 수 있는 기업만이 살아남을 수 있는 환경은 결국 기업을 성장시키는 동력이 되었기 때문입니다.

◎ 최저임금은 어떤 방식으로 결정되나요?

최저임금제는 국가가 노조와 고용주의 임금 결정 과정에 개입하여 임금의 최저 수준을 정하는 제도입니다. 1인 이상의 노동자를 고용하는 모든 사업장은 노동자에게 최저임금을 지불해야 합니다. 법으로 규정되어 있으므로 고용주가 이를 어기면 3년 이하의 징역 또는 2,000만 원 이하의 벌금을 받게 됩니다. 최저임금은 법적으로 보호받는 노동자의 권리이므로 노동자는 최저임금을 받지 못할 경우 고용주에게 항의해야 합니다.

2018년 현재 최저임금은 전년보다 16.4% 인상된 시급 7,530원입니다. 이를 월급(209시간)으로 환산하면 157만 3,770원이 됩니다. 만약 편의점에서 아르바이트를 하게 되었다면 1시간에 7,530원의 임금을 받아야 합니다. 5시간이면 최저임금에 5를 곱하면 되겠지요. 2016년의 최저임금은 시급 6,030원이었고, 2017년에는 시급 6,470원이었습니다.

최저임금제는 노동자의 소득을 높여 수준 이하의 노동조건과 빈곤을 없애고, 노동력 착취를 방지하며, 소득 재분배를 실현하는 데 있습니다. 최저임금제는 경제 상황에 맞게 주기적으로 조정됩니다. 최저임금을 결정하는 기준은 노동자의 생계비, 유사 노동자의 임금, 노동생산성, 소득분배율입니다. 고용노동부 장관이 매년 3월 31일 최저임금위원회에 최저임금 심의를 요청하면 최저임금위원회는 위의 결정 기준에 따라 최저임금을 산출합니다. 임금 실태, 생계비, 최저임금 적용 효과, 주요 노동 경제지표를 분석하고 외국의 최저임금 제도를 조사하는 한편, 현장 방문과 토론회를 엽니다. 이 모든 과정을 끝낸 뒤에 적절한 최저임금을 정하는 것입니다. 이렇게 정해진 최저임금안은 고용노동부 장관에게 6월 29일까지 제출하도록 되어 있습니다. 고용노동부 장관은 이를 바탕으로 최저임금안을 고시하는데, 고시안에 이의가 있을 경우 재심 요청이 가능하며, 재심을 거친 후 8월 5일 이전까지 최저임금 고시가 확정됩니다.

돈이 뭐기에?

돈은 언제 만들었을까?

고려시대에 임춘이 지은 가전체 소설 「공방전」의 주인공은 '돈(공방)'입니다. 「공방전」에 따르면, 돈의 조상은 원래 수양산에 숨어 지냈습니다. 그래서 사람들은 아주 오랫동안 돈을 알지 못했습니다. 그런데 공방이 나타나서는 세상을 어지럽히기 시작합니다. 그로 인해 많은 사람들이 피해를 입게 되자 사람들은 공방을 세상에서 쫓아내 버립니다. 하지만 공방은 기죽지 않고 중요한 말 한마디를 남기고 떠납니다.

"지금 나는 떠나지만 나의 아들이 다시 나타날 것이다."

실제로 먼 훗날 공방의 아들은 다시 세상에 나타났습니다. 소설대로라면 우리가 오늘날 쓰는 돈이 바로 이 공방의 아들인 셈이지요.

고려는 외국과의 무역이 활발해지고 상업과 수공업이 발달하자 화폐의 필요성을 느껴 화폐를 만들었습니다. 이 화폐는 외형은 둥글고, 가운데에는 사각형의 구멍이 뚫려 있습니다. 이러한 모양새를 빗대어 임춘은 이렇게 표현했습니다.

> 공방의 사람됨은 둥글고, 안은 모가 났다.

이렇게 생긴 돈은 '엽전'으로 불립니다. 고려시대 엽전으로는 동국통보, 동국중보, 삼한통보, 삼한중보 등이 있었지요. 하지만 이 엽전들은 시중에서 활발하게 유통되지 못했습니다. 고려 사람들은 쌀이나 옷감으로 물건을 사고팔았고, 외국과의 거래에서는 주로 은병(은으로 만든 화폐)을 사용했기 때문입니다. 공방전의 줄거리처럼 세상에 나온 돈은 사람들의 호응을 얻지 못했습니다. 그러다가 돈이 다시 등장한 것은 조선 전기 세종대왕 때였습니다. 세종대왕은 조선통보를 주조하여 유통시키고자 했습니다. 하지만 고려시대와 마찬가지로 농업 중심 사회였던 조선에서도 돈은 설 자리를 얻지 못했습니다. 그럼에도 조정은 화폐 유통과 보급을 지속적으로 시행합니다. 1700년에는 주전청을 설치하여 엽전을 만들었고, 엽전을 만드는 비용을 줄이기 위해 중국에서 엽전을 수입해다가 쓰기도 했지요. 이러한 노력의 결과 일찍부터 상업이 발달한 개성을 중심으로 화폐를 사용하는 분위기가 형성되었습니다.

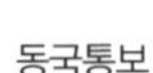

동국통보 조선통보

그런데 고려나 조선에서는 왜 이렇게 돈의 유통에 관심을 가졌을까요?

돈이 생기기 전 사람들은 주로 물물교환 방식을 활용했습니다. 물물교환은 물건과 물건을 바꾸는 방식으로, 문명이 발생하기 이전부터 있어왔던 가장 원시적인 교환 형태입니다. 초기에는 주로 조개껍데기, 가죽, 동물 뼈, 소금 등을 활용하여 물건과 물건을 교환했습니다. 이것들은 생활에 실제로 필요한 것들이지요. 그중 조개껍데기는 돈을 대신하기도 했습니다. 조개껍데기로 만든 돈을 '패화'라고 하는데, 견고하고 화려해서 기원전 3000년경부터 돈으로 쓰여왔습니다. 삼베나 무명 등의 직물도 돈으로 쓰였는데, 이것은 '포화'라고 합니다.

물물교환은 물건뿐만 아니라 서로의 노동력을 주고받는 것도 포함됩니다. 오늘 철수가 영희의 농사일을 도와주었다면, 내일은 영희가 철수의 농사일을 도와주는 식으로 노동력을 교환하는 것도 일종의 물물교환입니다. 특히 마을 공동체가 형성된 농촌에서는 서로 농사일을 도와주는 '두레'나 '품앗이'가 발달했습니다.

그런데 물물교환은 크게 세 가지 단점이 있습니다.

첫째, 물물교환은 정확한 교환가치를 측정하기가 어렵습니다. 만약 오늘날 철수가 호미가 필요하다면 농기구점에서 돈을 주고 구입하면 됩니다. 어느 농기구점을 가더라도 호미 가격은 엇비슷하니 따로 흥정할 필요가 없습니다. 그런데 철수가 물물교환으로 호미를 구하려면 자기가 가지고 있는 것 중에서 그만한 가치가 있는 것과 바꾸어야 합니다. 농사꾼인 철수는 쌀 5섬을 호미와 바꾸기로 합니다. 마침 쌀이 필요했던 영희는 자기가 가진 호미를 주고 쌀을 받고자 합니다. 그런데 영희는 쌀 10섬을 원합니다. 쌀과 호미의 정확한 가격이 정해져 있지 않기 때문에 둘은 서로에게 유리한 조건으로 교환하려고 합니다. 오랜 흥정 끝에 결국 쌀 7섬과 호미 하나를 교환하기로 했습니다. 그런데 문제가 생겼습니다. 영희가 집에 가서 보니 철수에게서 받은 쌀의 질이 좋지 않았습니다. 쌀 10섬이 아니라 15섬을 받았어도 호미가 더 아깝다는 생각이 들 정도였지요. 이처럼 물물교환은 각각의 물건에 정확한 교환가치가 측정되어 있지 않기 때문에 둘 중의 하나, 혹은 둘 다 손해를 볼 수도 있습니다.

둘째, 물물교환은 거래를 성사하는 데 어려움이 있습니다. 만약 영희가 호미를 쌀 7섬과 절대로 교환할 수 없다고 생각했거나 영희가 필요한 것이 쌀이 아니라 콩이었다면 거래는 이루어지지 못했을 것입니다. 이럴 경우 철수는 호미를 가지고 있는 다른 사람을 찾아다녀야 합니다. 그런데 호미를 가지고 있는 다른 사람을 찾아도 그가 교환하고 싶어 하는 물건이 비단이거나 소금이라면 거래는 이루어지지 않습니다. 결국 철수는 호미를 쌀과 교환하려는 사람을 찾아 헤매는 일을 반복해야 합니다.

셋째, 물물교환은 운반과 보관에 큰 불편이 따릅니다. 만약 철수가 쌀 한 가마니랑 장롱을 교환하고자 한다면, 철수는 80킬로그램에 달하는 쌀 한 가마니를 등에 지고 다녀야 합니다. 장롱으로 교환한 후에도 그것을 집까지 들고 가려면 매우 힘들겠지요. 한편 쌀 한 가마니를 받은 사람은 쌀에 벌레가 생기지 않도록 보관하는 데 주의를 기울여야 합니다. 그나마 쌀이라 썩지는 않겠지만, 생선 몇 마리와 교환했다면 보관하는 데 더 큰 어려움을 겪게 되겠지요.

이처럼 물물교환은 정확한 교환가치를 측정하기가 어렵고, 거래를 성사하기가 쉽지 않으며, 운반과 보관에 불편이 따른다는 단점이 있습니다.

그럼에도 물물교환은 문명이 탄생하기 전부터 생겨나 오랫동안 유용하게 활용해온 거래 방식이었습니다. 그러다 더 많은 상품이 생산되자 물물교환만으로는 거래를 하기가 힘들어졌습니다. 사람들은 좀 더 정확하고 체계적인 교환을 할 수 있을 뿐만 아니라 거래가 간편하며 운반과 보관이 편리한 무언가가 필요하다는 생각을 하게 되었습니다. 그것이 바로 '숫자적 가치'를 지니는 돈이었지요.

이러한 이유로 예부터 여러 문명 시대에는 돈을 만드는 노력을 기울였습니다. 우리나라에서는 기자조선에서 쇠붙이로 만든 자모전이라는 화폐를 사용했다는 기록이 있기는 하지만 실질적인 돈에 대한 기록이 남아 있는 것은 고려시대부터였습니다. 조선 중후기에 돈이 더욱 활발하게 사용되기는 했지만 농촌을 중심으로 한 대부분의 지역에서는 여전히 물물교환이 주류를 이루고 있었습니다. 본격적으로 돈이 유통되기 시작한 것은 근대 이후부터였습니다. 하지만 인류 전체의 역사를 보면, 돈의 기원은 좀 더 이전으로 올라갑니다. 역사적으로 기록된 최초의 돈은 기원전 1600년 바빌로니아 왕조에서 사용한 '진흙 판'이었고, 기원전 1000년경에는 금속으로 만든 돈이 사용되었습니다. 고대 중국에서는 농기구와 칼의 모양을 본떠 만든 '포전'과 '도전'을 사용했지요. 그러다 사람들은 금과 은을 녹여 동전을 만들기 시작했습니다. 특히 금은 20세기 초까지 많은 나라에서 상품을 구입할 수 있는 돈으로 사용되었습니다.

1821년 영국은 금화를 중앙은행에서 발행하기 시작했습니다. 중앙은행에서 발행한 금화는 법정화폐로 통용되었으며, 금화를 지폐와도 바꿀 수 있게 되었습니다. 이를 금본위제라고 합니다. 그 뒤 많은 나라에서 금본위제를 채택하게 됩니다. 그런데 20세기 초 전 세계적으로 금 부족 현상이 일어나게 됩니다. 대량생산으로 무역량은 늘어났지만 돈처럼 교환할 수 있는 금은 한정되어 있었지요. 돈은 은행에서 쉽게 찍어낼 수 있지만 금은 필요하다고 찍어낼 수 있는 것이 아니기 때문입니다. 결국 금은 자본주의의 성장과 함께 돈으로서의 가치를 점점 잃게 되었습니다. 지금 우리가 사용하는 돈은 종이로 만든 지폐이거나 구리로 만든 동전입니다. 캐나다를 비롯한 몇몇 나라에서는 지폐를 플라스틱으로 만들기도 했습니다. 돈은 나라마다 재질과 모양이 다릅니다. 돈을 일컫는 언어도 다르지요. 우리가 '돈'이라 부르는 것을 미국에서는 '달러', 일본에서는 '엔', 중국에서는 '위안', 러시아에서는 '루블'이라고 부릅니다. 하지만 어떤 모양, 어떤 이름이든 모든 나라의 돈은 공통된 속성이 있습니다. 숫자적 가치를 지니며, 모든 상품이나 서비스와 교환할 수 있는 수단이라는 것이지요.

돈은 어디서 만들까?

일본의 한 마을 주민들이 한마음으로 전쟁 후의 혼란기를 틈타 위조지폐를 만들기로 합니다. 가난을 벗어나기 위해서였지요. 이 이야기는 실제로 일어난 일을 바탕으로 만든 영화 「위조지폐」의 줄거리입니다. 위조지폐는 영화의 단골 소재입니다. 위조지폐를 만들려는 사람과 그것을 막으려는 사람의 이야기는 범죄를 다룬 영화에서 심심찮게 볼 수 있습니다. 실제로 현실에서도 위조지폐와 관련된 사건 사고가 많이 일어나기도 합니다.

그런데 지폐면 다 같은 지폐 아닌가요? 어째서 어떤 것은 진짜이고 어떤 것은 가짜가 되는 것일까요? 도대체 누가 만들어야 진짜 지폐라

할 수 있는 것일까요? 그리고 또 누가 이러한 약속을 정했을까요?

이 질문에 대한 답을 찾으려면 먼저 돈의 '교환가치'에 주목해야 합니다. 돈은 그 자체로는 아무 쓰임도 없습니다. 그냥 종이이거나 금속일 뿐이지요. 하지만 우리는 약속을 했습니다. 유형 무형의 상품을 가지는 대신 그에 합당한 돈을 지불하기로요. 물론 모든 사람이 일일이 손가락을 걸고 한 약속은 아닙니다. 사회에서 오래전부터 정해놓은 약속이지요. 사람들은 일정한 형식과 규격에 맞춰 만든 돈을 사용하기로 했습니다. 그런데 이 약속에는 아주 중요한 조건이 붙습니다. 우리나라의 경우 '화폐의 발행권은 한국은행만이 가진다'는 규정입니다. 한국은행은 한국의 중앙은행입니다. 중앙은행은 한 나라의 통화제도의 중심이 되는 은행으로, 통화량을 측정하고 통화정책을 시행합니다. 대부분의 국가는 한국은행처럼 하나의 중앙은행을 가지고 있습니다. 이곳에서 자국의 화폐를 찍어내거나 관리하지요. 사람들은 중앙은행이 발행한 화폐만을 교환가치로 인정합니다. 중앙은행이 아닌 곳에서 만든 화폐는 전부 가짜이고, 가짜 화폐를 사용하면 불법이 되는 것이지요. 만약 사람들마다 자기가 필요한 돈을 마음대로 만들 수 있다면 세상에는 돈이 넘쳐날 것입니다. 그러면 어떻게 될까요?

화폐가 지나치게 많아지면 화폐는 그 가치를 인정받기 어렵습니다. 어디에서나 쉽게 볼 수 있고 가질 수 있다면 더는 교환가치를 지닐 수 없겠지요. 그런데도 이 같은 일이 실제로 벌어진 나라가 있습니다. 아프리카의 짐바브웨입니다. 2008년, 짐바브웨 정부는 어마어마하게 많은 양의 돈을 만들어 시중에 내놓았습니다. 그 결과 돈의 가치가 휴지 조각보다도 못한 지경에 이르게 되었지요. 짐바브웨 달러로 1,000억을 가지고 있어도 구입할 수 있는 건 겨우 달걀 세 알 정도였다고 합니다. 달걀 세 알을 구입하려면 아주 큰 가방에 지폐를 가득 채워서 다녀야 했지요. 심지어 2015년에는 짐바브웨 달러 3경 5,000조가 미국 달러 1달러에 불과한 수준까지 갔습니다. 미국 달러 1달러는 우리 돈으로 1,200원 정도입니다. 즉, 우리나라에서 1,200원으로 살 수 있는 편의점 커피 하나를 짐바브웨에서는 3경 5,000조를 지불해야 한다는 말이 됩니다. 3경 5,000조라니, 정말 어마어마하게 큰 숫자죠? 이러한 상황을 '인플레이션'이라고 합니다.

인플레이션은 통화량이 팽창하여 물가가 지속적으로 올라가는 것을 말합니다. 지나치게 많은 돈이 시중에 유통되어 화폐의 가치가 떨어질 때 인플레이션이 발생하게 됩니다. 인플레이션이 발생하면 물가는 오를 수밖에 없습니다. 물가가 오르면 사람들은 생필품을 최대한 많이 모아두려고 하고, 이는 물자 부족 현상으로 이어집니다. 그래서 중앙은행에서는 시중에 유통시켰을 때 화폐의 교환가치에 문제가 생기지 않을 만큼의 돈을 계획적으로 찍어냅니다.

그런데 어쩌다 은행에서 돈을 만들게 되었을까요? 우리는 그 기원을 영국에서 찾을 수 있습니다. 17세기의 영국에서는 돈을 만들기 전 '금'을 화폐처럼 사용했습니다. 그런데 금은 사람이 만들고 싶다

한국은행 본관(1959년). 우리나라의 중앙은행인 한국은행은 1950년 5월 한국은행법이 공포된 후 같은 해 6월 12일 설립되었다.

고 만들어낼 수 있는 것이 아닙니다. 그럼에도 17세기 영국의 금세공업자들은 마술처럼 금을 만들어냈습니다. 도대체 금세공업자들은 어떻게 금을 만들어냈을까요? 그리고 이 일이 오늘날 은행에서 돈을 만들게 된 것과 어떤 연관이 있다는 것일까요?

디플레이션

시중에 지나치게 많은 돈이 풀린 것을 인플레이션이라고 한다면, 디플레이션은 반대의 경우입니다. 디플레이션은 통화량이 상품 거래량보다 적어 물가가 떨어지는 현상입니다. 디플레이션의 원인으로는 실업률의 증가, 생산량의 감소 등이 있습니다. 실업률이 증가하면 당연히 사람들은 소비를 줄이게 되고, 소비가 줄면 시중에 도는 통화량도 줄어들 수밖에 없습니다. 이는 생산량의 감소와 기업 활동의 둔화로 이어지기도 하는

데, 이로 인해 결국 또 다른 실업자를 양산하게 됩니다. 따라서 디플레이션을 벗어나기 위해서는 투자와 고용을 늘리고 시중에 돈이 돌도록 해야 합니다.

금세공업자의 금고

프리기아의 왕 미다스는 세상 사람들이 부러워할 만한 재산을 가지고 있었습니다. 하지만 그는 만족하지 않았습니다. 가지면 가질수록 더 많은 것을 가지고 싶었거든요. 그래서 어느 날 술의 신 디오니소스에게 소원을 빕니다.

"내 손이 닿는 모든 것이 금으로 변할 수 있도록 해주십시오."

디오니소스는 미다스의 소원을 들어줍니다. 정말 미다스의 손길만 닿으면 아무리 하찮은 물건도 금으로 변해버렸지요. 그런데 이 소원에는 결정적인 문제가 있었습니다. 미다스가 말한 '모든 것' 중에는 음식과 사람까지도 포함되니까요. 기적 같은 일은 곧 재앙으로 다가왔습니다. 미다스는 자기 손으로 음식을 먹을 수 없게 되고 말았습니다. 손이 닿는 즉시 금으로 변해버렸으니까요. 결국 미다스는 먹지도 마시지도 못하게 되었습니다. 심지어 세상에서 가장 사랑하는 딸마저 금으로 변해버렸습니다.

미다스의 이야기는 그리스 신화에 실려 있습니다. 이 이야기에서 우리는 고대 그리스 사람들도 황금에 대한 욕망이 있었음을 알 수 있

니콜라 푸생, 「파크톨루스강의 미다스」(17세기 경). 자기 손이 닿은 딸마저 금으로 변하자 미다스 왕은 자신이 말한 소원이 얼마나 부질없는 것인지 후회하며 디오니소스에게 자비를 구했다. 신은 파크톨루스강에 온몸을 담그고 탐욕의 죄를 씻으라고 명했다. 왕관을 쓴 강의 신이 지켜보는 가운데 미다스 왕이 몸을 씻고 있다.

습니다. 이 같은 욕망은 중세 유럽 사람들에게도 있었습니다. 금에 대한 유럽인들의 욕망이 보편화되자 유럽에서는 '연금술'이 유행하게 됩니다. 연금술은 납이나 구리 등의 비금속 광물을 금이나 은으로 만드는 기술을 말하는데, 이는 화학 기술로 발전하게 됩니다. 연금술을 연구하는 사람을 연금술사라고 합니다. 많은 연금술사가 비금속을 금으로 만들기 위해 자신의 인생을 바치기도 했지요. 물론 성공한 사람은 아직까지 없습니다.

동서고금을 통틀어 많은 사람들이 금을 욕망했던 데에는 그 나름대로 이유가 있습니다. 금은 화학적으로도 매우 안정되어 있는 데다가 쉽게 산화되지 않아 '영원함'을 상징하며, 다른 물건과의 교환가치에서도 절대적 가치를 지닙니다.

하지만 금은 부피가 크고 무거워 보관이 쉽지 않은 단점이 있습니다. 집 안에 보관하자니 불안하고, 들고 다니자니 번거로웠지요. 그래서 사람들은 금을 녹여 금화를 만들었습니다. 금화는 오늘날의 화폐처럼 쓰였습니다. 금화의 무게 역시 가볍지 않았습니다. 어차피 금으로 만든 것이니까요. 그래서 17세기의 영국 사람들은 한 가지 묘안을 짜내게 됩니다.

'금세공업자의 금고에다 보관해야겠어.'

당시 영국에서 크고 튼튼한 금고를 가지고 있는 사람은 금세공업자들뿐이었습니다. 그들은 사람들이 세공을 하려고 맡긴 각종 귀금속을 보관할 수 있는 커다란 금고를 두고 있었습니다. 마을마다 하나씩 있는 금세공업자들의 금고는 가장 안전한 금 보관소로 여겨졌지요.

금세공업자들은 사람들의 금을 맡아주는 대가로 보관료를 받았습니다. 그리고 보관증을 써주었지요. 보관증에는 어디에 얼마만큼의 금을 맡겼는지 자세하게 기록되어 있습니다. 사람들은 금을 써야 할 때 금세공업자에게 가서 자신이 맡긴 금을 달라고 할 필요가 없었습니다. 금을 주어야 할 일이 생기면 상대방에게 금 보관증을 주면 되니까요. 그러다 보니 사람들은 언제부터인가 금 보관증을 현금처럼 주고받게 되었습니다. 이때 금세공업자들은 중요한 사실을 깨닫게 됩니다.

'아! 사람들은 금을 맡겨두고는 찾으러 오질 않는구나. 그렇다면 이 금을 내가 활용할 수도 있는 거잖아. 금고 안에만 모셔두기엔 아깝지.'

금세공업자들은 사람들이 맡겨둔 금을 이용하기로 합니다. 방법은 간단합니다. 다른 사람에게 빌려주는 것이지요. 그리고 자기 금인 양 이자를 받아 챙겼습니다. 그렇게 받은 이자가 차곡차곡 쌓여 금세공업자들은 많은 돈을 벌게 되었습니다. 사람들은 금세공업자들이 이상할 정도로 많은 돈을 벌자 의심을 품기 시작했습니다.

'저들은 어떻게 짧은 시간에 많은 돈을 번 거지?'

또 금세공업자들에게서 금을 빌리고 이자를 준 사람들의 이야기도 듣게 됩니다.

'우리 금을 다른 사람에게 빌려주고는 제 것인 양 돈을 받았군.'

사람들은 금세공업자들에게 몰려가 항의합니다.

"당장 내 금 내놔."

그러자 금세공업자들은 이렇게 말합니다.

"당신들 금을 다른 사람에게 빌려주고 이자를 받은 건 사실입니다. 하지만 지금 금을 내드린들 누구에게 이익이 되겠습니까? 또 그 금을 어쩌시려고요. 당신들은 금을 보관할 금고도 없지 않습니까? 그렇게 화만 내지 마시고 제 말을 들어보세요. 금을 빌려주고 받은 이자의 일부분을 드리겠습니다. 그러면 당신들은 그만큼 돈을 버는 것이겠지요. 차라리 그렇게 하는 게 좋지 않겠습니까?"

사람들이 듣기에 금세공업자의 말은 일리가 있었습니다. 당장 금을 찾아가더라도 마땅히 보관할 곳이 없었으니까요. 게다가 이자로 금화를 받을 수 있다니, 누이 좋고 매부 좋은 일이라는 생각에 금세공업자의 제안을 받아들입니다.

이 이야기는 오늘날 우리에게 아주 익숙한 단어 하나를 떠오르게 합니다. 바로 '은행'입니다. 은행은 사람들이 예금한 돈을 보관하기도 하고, 그 돈을 돈이 필요한 다른 사람들에게 빌려주기도 합니다. 은행에서 돈을 빌린 사람은 은행에 이자를 내야 합니다. 은행은 이렇게 받은 이자를 예금한 사람들에게 조금씩 나누어줍니다. 예를 들면, 은행에서 돈을 빌릴 때에는 빌린 돈의 5%를 이자로 내야 합니다. 은행에 돈을 맡길 때에는 1%의 이자를 받습니다. 즉, 은행은 돈을 빌린 사람들에게서 5%의 이자를 받고 그중 1%를 예금한 사람들에게 내줍니다. 결국 은행은 4%의 이자를 챙기는 셈이지요. 만약 은행에 사람들이 예금한 금액이 모두 100억이라면 은행은 그에 대한 4%의 이자인 4억을 벌게 되는 것입니다. 그런데 17세기 유럽의 금세공업자와 오늘날의 은행이 이처럼 닮은꼴인 것이 과연 우연일까요? 사실 금세공업자의 금고는 오늘날 우리가 이용하는 은행의 시초라고 할 수 있습니다. 금세공업자가 어떻게 은행업자가 되었는지 그 과정을 한번 살펴봅시다.

그 금고에는 금이 없다

금세공업자들의 금고에는 과연 금이 있었을까요? 그들은 자기 것도 아닌 금을 다른 사람들에게 빌려주면서 이자를 받아 챙겼습니다. 그러다 보니 더 많은 금을 빌려주고 싶은 욕심이 생겼겠지요. 오늘날처럼 광고를 하고 싶었는지도 모릅니다. 금을 맡긴 사람들에게 허락도 받았겠다, 이제는 몰래 빌려줄 이유도 없어졌습니다. 그러니 아예 드러내놓고 금을 빌려줄 수 있게 되었지요. 하지만 금세공업자들에게는 또 다른 문제가 있었습니다. 이 사람 저 사람에게 빌려주다 보니 금고 안의 금이 얼마 남지 않게 된 것이지요. 빌려주고 싶다고 다 빌려줄 수 없게 된 상황이었습니다. 그래서 금세공업자들은 전체 양 중에서 10%의 금은 남겨두었습니다. 간혹 금을 찾으러 오는 사람들이 있었기 때문입니다. 경험상 사람들이 찾아가는 금은 10%에 불과하다는 것을 알고 있었기에 그 이상은 남겨둘 필요가 없었습니다. 이렇게 해서 금세공업자들은 나머지 90%의 금을 가지고 거래를 하게 됩니다. 그리고 금세공업자들이 남겨둔 10%의 금은 오늘날 대부분의 나라에서 시행하고 있는 '지급준비금'의 모태가 됩니다.

지급준비금은 은행이 예금을 모두 빌려주지 않고 일정 정도의 금액을 남겨두는 것을 말합니다. 지급준비금의 적립 비율을 '지급준비율'이라고 하는데, 이는 통화량에 따라 조절합니다. 통화량이 많으면 지급준비율을 높이고, 통화량이 적으면 지급준비율을 낮추는 식입니다. 지급준비율이 높으면 은행은 대출할 수 있는 돈이 줄어들고, 지급준비율이 낮으면 더 많은 돈을 대출할 수 있게 됩니다.

어쨌든 금세공업자들은 영리하게도 10%의 금을 남겨두어 금을 찾으러 오는 사람이 있으면 아무 문제도 없다는 듯 금을 돌려주었습니다. 그렇지만 사람들은 금세공업자의 금고에 얼마나 많은 금이 남아 있는지 알지 못했습니다. 금세공업자들은 그 사실도 알고 있었습니다. 그래서 그들은 더 과감하게 금을 빌려주기 시작합니다. 금고에 남아 있는 금이 50여 개밖에 없지만 500여 개를 빌려주는 식이지요. 어떻게 이런 일이 가능할까요?

답은 금 보관증에 있습니다. 금세공업자에게 금을 빌린 사람들은 실제로 금을 받지는 않았습니다. 대신 금을 빌렸다는 증표로 금 보관증을 받았습니다. 이를테면 금세공업자에게 금 5돈을 빌리기로 한 찰스는 금 대신 5돈의 금을 빌렸다는 것을 증명하는 금 보관증만 받는 식입니다. 이때 찰스가 받은 금 보관증은 현금처럼 쓸 수 있습니다. 찰스는 이 금 보관증으로 필요한 상품을 구입합니다.

한편 찰스에게서 금 보관증을 받고 상품을 판 제니는 금 5돈을 가지게 되었습니다. 제니의 손에 금 5돈이 있는 것은 아니지만 금 보관증이 그렇다는 것을 증명해주는 것이지요. 제니는 금세공업자에게 가서 금 보관증을 내밀면 언제든지 금 5돈을 받을 수 있다고 생각합니다. 하지만 당장 금세공업자에게 달려가 금 보관증과 금 5돈을 바꾸지는 않습니다. 보관도 힘들고 무거운 금을 가지고 다니느니 금 보관증만 잘 보관하고 있는 게 훨씬 편하기 때문이지요. 그리고 진짜 금으로 바꿀 일이 생기면 그때 바꾸어도 상관이 없다고 생각했습니다. 그런데 금세공업자는 정말 제니에게 줄 수 있는 금을 가지고 있을까요?

금세공업자는 찰스에게만 금 보관증을 내준 것이 아닙니다. 찰스 외에도 여러 사람에게 금 보관증을 내주었지요. 어차피 사람들은 진짜 금을 가져가지 않으니까요. 금 보관증만 주어도 진짜 금을 빌렸다고 믿는 사람들은 금세공업자에게 이자를 지불했습니다. 그러니 금세공업자는 실제로 있는 양 보다 더 많은 금을 사람들에게 빌려준 것입니다. 그런데 만약 사람들이 한꺼번에 금 보관증을 들고 찾아와 금을 내놓으라고 한다면 어떻게 될까요? 당연히 금세공업자는 이들 모두에게 금을 내줄 수 없습니다. 금세공업자는 이러한 일이 발생하지 않을 것이라고 믿었습니다. 하지만 금세공업자의 행운은 오래가지 않았습니다. 사람들이 금세공업자의 금고에 금이 많지 않다는 사실을 눈치챘기 때문이지요.

사람들은 금고의 금이 다 사라지기 전에 자기 금을 빨리 찾으려고 금 보관증을 들고 금세공업자에게 몰려들었습니다. 하지만 금세공업자는 모든 사람에게 금을 내줄 수 없었습니다. 금고의 금은 50여 개에 불과한데 금 보관증과 바꿔주어야 하는 금은 500여 개나 되었으니까요. 금 보관증을 가지고도 금을 찾을 수 없었던 사람들은 재산을 잃게 될 지경이었습니다. 금 보관증은 휴지 조각에 불과해졌지요. 그리고 금세공업자는 없는 금을 내주어야 하는 위기에 처하게 되었지요. 이 같은 현상은 오늘날의 '뱅크런'과 많이 닮아 있습니다.

뱅크런은 많은 사람이 한꺼번에 은행에 몰려들어 예금을 찾으려고 하는 현상입니다. 예금자들이 한꺼번에 은행에 몰려드는 이유는 크게 두 가지입니다. 하나는 금융시장이 불안정할 때이고, 다른 하나는 예금을 맡긴 은행의 재정 상태가 불안정할 때입니다. 이 같은 이유로 사람들이 한꺼번에 몰려들면 은행은 그나마 보유하고 있던 돈마저 바닥나 파산 지경에 이르고 맙니다. 그럼에도 모든 사람이 예금을 돌려받지는 못합니다. 은행은 그만큼의 돈을 가지고 있지 않으니까요. 결국 은행에 예금한 사람들은 재산을 잃고 마는 것이지요.

다시 17세기 영국의 금세공업자들의 이야기로 돌아가보지요. 당시 금을 맡긴 사람들은 물론이고 금세공업자들도 파산 위기에 몰리게 됩니다. 이때 영국 왕실이 금세공업자들에게 도움의 손길을 뻗습니다. 당시 영국 왕실은 오랜 전쟁으로 재정난을 겪고 있었습니다. 또 전쟁 자금을 마련하기 위해 이런저런 궁리를 하던 참이었습니다. 이들에게 금세공업자의 금은 매우 좋은 탈출구였습니다. 영국 왕실은 금세공업자들에게 있지도 않은 금을 사람들에게 빌려주는 것을

잉글랜드은행 설립을 승인하는 장면(1694년).

허락했습니다. 그뿐만 아니라 독점권을 주기까지 했습니다. 독점권을 가지게 된 금세공업자들은 현대 은행의 시초가 되는 잉글랜드은행을 설립합니다. 은행업자로 변모한 금세공업자들은 법의 보호 아래 더 많은 돈을 벌게 되었지요. 그리고 이들은 그렇게 번 돈으로 영국 왕실에 전쟁 자금을 지원합니다. 영국 왕실이 금세공업자들에게 원했던 것은 바로 전쟁 자금이었던 것입니다.

뱅크런과 예금보험제도

뱅크런은 도미노처럼 다른 은행에도 영향을 미치는 특성이 있습니다. 이를테면 A은행에서 뱅크런이 발생했을 경우, B와 C은행에 예금을 맡긴 사람들도 불안을 느끼게 됩니다. B와 C은행도 재정에 문제가 있는 것은 아닐까 의심하는 것이지요. 그래서 사람들이 예금을 인출하려고 한꺼번에 몰려들게 되면 B와 C은행은 부실한 은행이 아닌데도 파산의 위기를 겪게 됩니다. 또 은행들이 도미노처럼 파산하게 되면 전체 금융시장의 위기로 이어질 수도 있습니다.

이처럼 뱅크런은 은행뿐만 아니라 예금자들에게도 경제적 손실을 끼칩니다. 이를 예방하고자 만든 제도가 '예금보험제도'입니다. 예금보험제도는 은행 등의 금융기관이 영업정지를 당하거나 파산 등으로 예금자에게 예금을 지급할 수 없는 경우에 예금보험공사가 1인당 5,000만 원까지 예금 보험금을 지급해주는 제도입니다. 하지만 이 제도 역시 모든 예금자를 완전하게 보호하지는 못합니다. 이를테면 2억을 예금한 사람이 돌려받을 수 있는 돈은 최대 5,000만 원이기 때문이지요. 예금보험제도가 있어도 뱅크런 사태가 발생하면, 5,000만 원 이상을 예금한 예금자는 필연적으로 손실을 입을 수밖에 없습니다.

돈은 형체가 없다

고등학생 철수에게 물었습니다.

"무엇을 돈이라고 하지요?"

철수는 피식 웃었습니다.

"에이. 유치원생도 아는 걸 왜 물어보세요."

"그래도 말해봐요."

"지폐요. 아, 그리고 동전도."

철수는 매주 부모님에게 용돈을 받아 쓰고 있습니다. 그래서 '지폐와 동전'부터 떠올린 것이지요. 그런데 철수가 성인이 되면 지폐나 동전을 지갑에서 꺼내 쓸 일이 별로 없을 것입니다. 전철이나 버스를 탈 때는 교통카드를 사용할 것이고, 편의점에서 간식을 사 먹을 때는 신용카드나 스마트폰으로 결제하겠지요. 이러한 결제는 지폐나 동전처럼 상인에게 직접 주지 않아도 됩니다. 그냥 카드 단말기에 대기만 하면 됩니다. 이것 역시 돈입니다. 그런데 이 말을 들은 철수는 이렇게 되물었습니다.

"교통카드나 신용카드는 그냥 카드잖아요. 돈은 아니잖아요."

철수가 카드 형태의 지불 수단을 돈이라고 생각하지 않는 이유는 충분히 이해합니다. 돈의 형태를 지니고 있지 않기 때문이지요. 사실 돈은 기본적으로 추상적인 것이며, 정확한 모양이 없습니다. 돈이 돈이 되기 위해서는 숫자적 가치가 주어져야 합니다. 우리는 이 숫자적 가치에 '이것이 돈이며, 얼마의 돈은 얼마의 상품을 구매할 수 있다'는 약속을 했습니다. 그리고 이 약속은 신용을 전제로 합니다. 숫자적 가치, 약속, 신용 등은 애당초 어떠한 형태도 지니지 않습니다. 이러한 조건에 부합하면 무엇이든 돈이 될 수 있습니다. 은행에서 발행한 문서, 금화, 동전, 지폐, 수표, 교통카드, 체크카드, 신용카드 등 모두 돈이 될 수 있습니다. 심지어 돈은 아예 형태를 지니지 않은 채 시장에서 돌아다니기도 합니다. 대표적인 예가 온라인 거래입니다. 스마트폰이나 컴퓨터의 결제 시스템을 이용하면 지폐는 물론이고 카드를 내밀지 않아도 됩니다. 그리고 온라인 거래가 활성화되면서 네이버 페이, 카카오 페이, 삼성 페이, 페이코 등과 같은 간편 결제 시장도 급성장하게 되었지요.

간편 결제 시스템은 신용카드, 체크카드, 은행 계좌 중에서 하나를 등록해두면 비밀번호만으로 물건을 살 수 있는 결제 시스템입니다. 일단 카드 정보를 한번 등록해두면 그다음부터는 복잡한 인증 과정 없이 바로 결제가 가능합니다. 오늘날 여러 형태의 돈이 다양한 방식으로 사용될 수 있는 것은 기술과 금융 시스템의 발전에 힘입은 결과입니다. 특히 신용카드나 간편 결제 시스템은 어느 시대에서도 보기 힘든, 전혀 새로운 방식의 돈입니다.

사실 신용카드만큼 편리한 돈도 없습니다. 신용카드 한 장이면 웬만한 물건을 다 구입할 수 있고, 다양한 서비스도 받을 수 있습니다. 거스름돈을 받을 일도 없고, 시시때때로 은행에서 돈을 찾아야 하는 번거로움도 없습니다. 당장은 통장에 돈이 없어도 신용카드로 미리 계산할 수 있으며, 비싼 물건은 할부로 구입할 수도 있습니다. 또 신용카드는 국내뿐만 아니라 국외에서도 사용할 수 있으며, 분실했을 경우에는 재발급을 받을 수도 있습니다. 이러한 장점 때문에 신용카드는 오늘날 사람들에게 정말 편리한 돈이 되었습니다.

그런데 바로 이 편리함 때문에 신용카드는 사람들을 소비의 함정에 빠뜨리기도 합니다. 신용카드가 생기기 전만 해도 사람들은 자신이 가진 돈만큼만 소비했습니다. 하지만 신용카드는 지금 당장 돈을 가지고 있지 않아도 쓸 수 있습니다. 통장에 100만 원밖에 없더라도 500만 원, 1,000만 원까지 사용할 수 있습니다. 물론 신용카드로 결제한 돈은 어차피 본인의 은행 계좌에서 빠져나가게 되어 있습니다. 하늘에서 '옜다, 네가 원하는 만큼 써봐라' 하고 던져주는 돈이 아니니까요. 결국에는 자기가 갚아야 하는 돈입니다. 그런데 '나중에 갚아도 된다'는 생각에 사람들은 능력 이상의 돈을 쓰게 됩니다. 또 신용카드는 게임머니처럼 현실감을 떨어뜨립니다. 지폐를 쓸 경우에는 지갑에 얼마의 돈이 있는지, 얼마의 돈이 나가는지 생각하게 됩니다. 하지만 신용카드는 이러한 생각을 할 필요가 없습니다. 당장 계좌에 돈이 없어도 신용으로 미리 빌린 돈을 쓸 수 있기 때문이지요. 그래서 신용카드는 자신의 능력 이상의 소비를 하게 만듭니다. 당장 가지고 싶은 상품이나 받고 싶은 서비스를 참을 필요가 없으니까요. 그러다 나중에 신용카드 명세서를 보고는 깜짝 놀랍니다.

'뭐야, 내가 이건 또 왜 샀대? 아니, 이런 걸 내가 구입했다고?'

카드 결제일이 되면 미리 당겨서 쓴 돈은 카드 회사로 가차 없이 빠져나갑니다. 만약 계좌에 잔고가 없으면 신용불량자가 되어버리지요. 물론 카드 회사에서는 90일의 유예기간을 주기는 합니다. 그 기간에는 꼭 빚진 돈을 갚으라고 하지요. 결제일을 넘기면 더 높은 이자를 지불해야 하지만 바로 신용불량자가 되지는 않습니다.

신용불량자가 되면 신용카드 사용이 정지될 뿐만 아니라 다른 신용카드 회사에서 새로운 카드를 발급받을 수도 없게 됩니다. 또한 금융 대출을 받기가 힘들어지고, 취업에도 걸림돌이 되지요. 그렇기 때문에 신용불량자는 자본주의사회에서 생활하는 데 여러 가지 제약을 받게 됩니다. 사람들은 이 같은 상황까지는 가지 않으려고 조심합니다. 그럼에도 우리 사회에서는 많은 사람들이 신용불량자로 살아가고 있습니다. 특히 2000년대 초에는 '카드 대란'이라고 일컬어질 정도로 신용불량자가 양산되기도 했습니다. 이는 정부 정책과도 관련 있습니다. 이전까지만 해도 신용카드를 발급받기 위한 조건이 매우 까다로웠습니다. 계좌에 잔고가 없거나 매달 소득이 발생하지 않으면 신용카드를 만들 수 없었습니다. 그런데 정부는 정책적으로 소득 증빙을 하지 않아도 신용카드를 만들 수 있게 했습니다. 심지어 학생들도 쉽게 발급받을 수 있었지요. 이로 인해 2002년 카드 채권의 연체율은 15.33%까지 이르기도 했습니다.

이러한 위험이 있는데도 정부는 왜 신용카드 사용을 독려한 것일까요? 신용카드가 곧 돈을 만들어내기 때문입니다. 만약 철수가 신용카드로 100만 원을 썼다면 100만 원의 돈이 시장에 유통되는 셈입니다. 중앙은행에서 화폐를 만들지 않았지만 돈이 만들어진 것이지요. 대신 이 돈은 숫자로 찍히며, 숫자로 계산됩니다. IMF로 경제위기가 닥치자 정부는 시장을 활성화할 필요성을 느꼈습니다. 그러자면 돈의 유통이 활발하게 이루어져야 했지요. 그런데 당장 돈이 없는 사람들은 소비를 할 수 없었기 때문에 시장의 활성화는 제대로 이루어지지 않았습니다. 그래서 정부가 내놓은 대안이 신용카드 사용을 독려하는 것이었지요. 신용카드는 수중에 돈이 없어도 돈을 쓸 수 있는 마법과 같은 것이었으니까요.

어떻게 신용불량자가 되는 것일까요?

신용카드 대금이나 은행 대출금 등은 기본적으로 빚입니다. 즉, 신용카드를 쓰거나 은행에서 대출을 받는 순간 카드 회사나 은행에 빚을 지게 되는 것입니다. 금융기관에서 이 돈을 빌려주는 조건은 '신용'입니다. 매달 결제일에 약속한 금액을 갚을 수 있다는 신용을 바탕으로 하지요. 그런데 제때에 돈을 갚지 못하면 그 사람의 신용은 현격히 낮아지고, 그다음 단계에는 신용불량자로 처리됩니다. 신용불량자가 되는 것은 순식간입니다. 금융기관마다 조건은 조금씩 다르지만 대체로 신용카드 대금이나 대출금을 3개월 이상 연체하게 되면 신용불량자가 됩니다.

신용불량자가 되면 금융 거래에서 불이익을 받게 됩니다. 일단 통장 개설이나 신용카드 발급 자체가 어려워집니다. 또한 대출을 받는 것도 쉽지 않습니다. 설령 대출을 받게 된다 해도 대출 금액에 제한이 생기며 높은 이자를 지불해야 합니다. 그리고 본인 명의로 핸드폰을 개통할 수도 없습니다. 신용불량자가 핸드폰을 사용하고 싶으면, 가족이나 다른 사람의 명의로 개통한 다음 빌려 쓰는 방식을 취할 수밖에 없습니다. 무엇보다 더 힘든 일은 취업에도 어려움이 따른다는 것입니다. 신용불량자로 등록이 된 사람은 일정 기간 그 이력이 기록되어 보존됩니다. 대부분의 기업에서는 직원을 뽑을 때 구직을 희망하는 사람들의 신용 정보를 조회합니다. 이때 신용불량자 기록이 있는 사람은 당연히 제외하겠지요. 신용불량자는 버젓한 직장을 구하는 일이 힘들 수가 있습니다.

◎가상 화폐가 뭐예요?

2017년 12월, 한국 정부는 비트코인 열풍에 적잖이 당황했습니다. 20대에서 50대까지 많은 사람들이 비트코인을 구입하기 위해 너도나도 뛰어들었고, 그에 따라 비트코인의 가격이 가파른 속도로 올랐습니다. 비트코인을 구입하여 큰돈을 벌었다는 이야기도 떠돌았습니다. 그래서 정부는 비트코인 거래소를 폐지하는 등 규제 강화로 비정상적이기까지 한 열풍을 차단하고자 했습니다. 하지만 이미 비트코인을 구입한 사람들의 거센 항의에 부딪치게 됩니다. 청와대 홈페이지의 '가상 화폐(비트코인) 규제를 반대하는 국민청원'에는 16일 만에 17만 명 이상이 참여하기도 했습니다. 지금도 여전히 비트코인은 우리 사회의 뜨거운 감자로 논란의 중심에 서 있지요.

도대체 비트코인이 무엇이기에 이처럼 한국 사회를 떠들썩하게 만드는 것일까요? 비트코인은 가상 화폐의 하나입니다. 가상 화폐는 보통의 화폐처럼 정부가 주도하여 중앙은행에서 발급하는 것도 아니며 실물로 존재하지도 않습니다. 가상 화폐는 오로지 사이버상(가상공간)에서만 존재하며, 온라인으로만 거래가 가능합니다. 유럽중앙은행ECB은 가상 화폐를 '민간 개발자가 발행 · 통제하는 화폐로, 정부 규제 없이 특정한 가상 세계에서 통용되는 전자 화폐의 하나'라고 정의합니다.

가상 화폐는 간편 결제 화폐와 암호화 화폐 모두를 일컫습니다. 간편 결제 화폐로 대표적인 것이 '카카오 페이'입니다. 카카오 페이는 카카오톡 내에서 신용카드나 체크카드를 등록하여 비밀번호만으로 결제할 수 있는 간편 결제 시스템입니다. 암호화 화폐는 바로 오늘날 사회적 논란을 일으키고 있는 가상 화폐로, 비트코인, 알트코인, 이더리움 등 종류도 다양합니다. 민간 개발자가 발행할 수 있다 보니 개발자마다 화폐를 만든 것이지요.

암호화 화폐는 말 그대로 암호를 사용하여 발행하고 거래하는 화폐입니다. 현재 암호화 화폐 중에서 가장 유명하며 가장 많은 거래가 일어나고 있는 화폐는 비트코인입니다. 비트코인은 2009년 사토시 나카모토가 개발했습니다. 그런데 사토시 나카모토는 온라인상의 이름일 뿐 국적이 어딘지, 뭘 하는 사람인지 알려진 바는 없습니다. 암호화 화폐는 비트코인처럼 대체로 출처가 불분명하다는 특징이 있습니다.

가상 화폐는 아주 빠른 속도로 확산되고 있습니다. 어쩌면 가상 화폐는 온라인 시장과 세계화라는 시대적 배경 속에서 필연적으로 등장할 수밖에 없는 현상일 수도 있습니다. 또한 가까운 미래에는 가상 화폐가 세계 통화로 쓰일지도 모릅니다. 온라인 게임이 처음 등장했을 때만 해도 게임에 필요한 아이템을 구입하는 것이 이상한 일처럼 여겨졌습니다. 하지만 온라인 게임 유저들이 많아지면서 게임 아이템을 구입하는 일이 자연스러워졌습니다. 암호화 화폐도 이렇게 될 가능성은 매우 높아 보입니다. 하지만 지금은 과도기적 상황에 놓여 있지요.

일단 암호화 화폐는 화폐로서의 신뢰성이나 안정성이 부족합니다. 또한 출처가 불분명한 데다가 화폐로서의 가치가 안정적이지 못합니다. 가장 큰 문제는 투기성입니다. 투기성이 강한 상품은 결국 소수가 다수의 돈을 빼앗는 방식으로 작용하기 마련입니다. 그런 이유로 한국을 비롯한 대부분의 국가는 암호화 화폐를 불안하게 보고 있으며, 정책적으로 규제할 수 있는 방안을 모색 중입니다.

시장경제와 자유시장

경제와 경제학

철수에게 동생이 물었습니다.

"형, 경제가 뭐야? 경제가 뭔데 살려야 한대?"

"아, 경제. 경제는 말이야……."

철수는 마땅한 대답이 떠오르지 않았습니다. 그렇다고 철수가 '경제'를 모르는 것은 아닙니다. 초·중·고등학교를 다니는 동안 배웠고, 뉴스로도 많이 접했습니다. 정말 익숙한 단어이지만 막상 설명하자니 입이 잘 떨어지지 않았습니다.

"그러니까 말이지, 경제는 진짜 중요한 거야. 그래서 살려야 하는 거지. 경제가 죽으면 우리 생활이 힘들어지거든."

"왜?"

"엄마 아빠가 돈을 많이 못 벌어. 경제가 안 좋으면 직장을 잃을 수도 있어. 그러면 네가 먹고 싶은 것도 마음껏 못 먹고, 네가 사고 싶은 것도 마음껏 못 사게 돼."

"그럼 경제는 먹고 싶은 것을 먹고, 사고 싶은 것을 살 수 있는 거야?"

"그게 다라고 할 수는 없는데…… 그렇다고 아니라고 할 수도 없고. 아, 그래! 경제는 사람으로 치면, 다른 이들에게 아주 강한 영향력을 주는 인물이야. 이 인물의 기분에 따라 우리 사회도 '기분 맑음, 기분 우울'이 되어버리지."

"그러니까 경제가 뭔데 그러냐고?"

"그러니까…… 진짜, 진짜 중요하니까……."

철수는 얼른 사전을 펼쳐 '경제'를 찾아보았습니다.

인간의 생활에 필요한 재화나 용역을 생산, 분배, 소비하는 모든 활동, 또는 그것을 통하여 이루어지는 사회적 관계.

경제는 늘 우리 가까이에 있었습니다. 우리가 갓난아기였을 때부터 이미 부모님이 구입해준 기저귀, 분유 등의 유아용품을 소비함으로써 경제활동을 하고 있었던 것이지요. 그러다 차츰 스스로 상품을 구매하게 되고, 성인이 되어서는 일을 해서 상품을 구매할 돈을 벌게 됩니다. 국가에 세금을 내기도 하고, 그 세금을 돌려받기도 하지요. 이러한 활동 모두가 경제입니다. 따지고 보면 그렇게 어려운 개념도 아닙니다. 그런데 '경제' 하면 뭔가 복잡하고 어렵게 느껴집니다. 이유가 무엇일까요?

사실 사람들에게 어렵게 와 닿는 건 경제 자체가 아니라 경제의 행방입니다. 삶에 직접적인 영향을 미치는 경제의 행방은 항상 사람들의 관심 안에 있었습니다. 하지만 경제는 국내 정치뿐만 아니라 국제 정치에 이리저리 휘둘려 도통 그 행방을 알 수 없게 만듭니다. 이를테면 2003년 미국이 이라크를 침공했을 때, 이 두 나라와 무관할 것 같은 한국 경제도 석유 값 인상으로 큰 타격을 입었습니다. 미국은 이라크 내에 대량살상무기가 있다는 것을 명분으로 내세웠지만 실제로는 이라크에서 생산되는 석유에 대한 욕심 때문이었습니다. 이 침공으로 이라크의 많은 국민들이 아까운 목숨을 잃은 것은 물론이고, 세계 석유 시장은 태풍을 맞은 것처럼 흔들렸습니다. 석유 값의 인상은 덩달아 많은 상품들의 가격을 높여 개개인의 경제활동에 큰 타격을 줍니다. 하지만 대부분의 사람들은 어느 순간에 석유 값이 오를 것이라 예측하지 못합니다. 국내 정세뿐만 아니라 국제 정세까지 관심을 기울이고, 정치가 경제에 어떤 영향을 미치는지 분석해야 하니까요. 그래서 '경제는 참 어렵다'는 생각이 드는 것입니다.

이처럼 경제는 국가나 사회의 규모가 커진 후 더 복잡해졌을 뿐만 아니라 분배에 있어서도 단순한 계산법의 적용이 불가능해졌습니다. 인류 초기의 경제는 가족이나 부족 단위에 불과했습니다. 집단이 크지 않고 인구도 많지 않았기에 생산, 분배, 소비는 단순했습니다. 사냥이나 채집으로 얻은 식량을 몇몇 사람이 공평하게 나누어 먹으면 되니까요. 하지만 집단이 커지고 인구가 많아지면서 생산, 분배, 소비는 단순한 계산법에 따라 움직이지 않게 되었습니다. 이를테면 1개의 빵을 2명이 공평하게 나누는 것이 아니라 1,000개의 빵을 2,000명에게 복잡한 방식으로 나누는 식입니다. 부나 노동력, 분배 방식, 제도적 장치 등이 복잡하게 얽힌 계산법은 공평과는 거리가 멉니다. 누군가는 더 많은 빵을 차지하여 광에다 채워두고, 누군가는 빵 부스러기만으로 자신의 배를 속여야 하는 상황에 이르게 됩니다.

인간은 어째서 빵을 공평하게 분배하지 못하는 것일까요? 이전보다 사회 규모가 커지고, 인구가 더 많아지고, 정치·경제가 복잡하게 얽혀 있는 사정만으로는 답이 될 수 없습니다. 과학기술의 발달로 지구와 별 사이의 거리까지 계산하게 된 인간이 '자원의 분배'에서는 어린아이보다 못한 지적 수준을 보이는 것은 분배가 단지 '계산'의 문제가 아니기 때문입니다.

부에 대한 집착과 소유에 대한 욕망은 '공평한 분배'를 막는 기제로 작용합니다. '경제'라는 단어는 '수학'만큼이나 명확한 계산법을 지니고 있는 것처럼 들립니다. 하지만 경제에는 인간의 욕망과 사회의 가치관이 변수로 작용하여 올바른 길보다 그릇된 길로 갈 때가 많습니다. 그 결과가 '부의 양극화'라는 현상으로 나타나는 것이지요. 그러므로 정부는 부의 양극화를 막을 수 있도록 정책을 펼쳐야 합니다.

세계화가 키운 기업의 힘

홍작가의 만화 『네크로맨서』에서 세상은 안전지대와 쓰레기 지대로 나뉩니다. 안전지대는 거대한 성곽으로 둘러싸인 절벽 위에 있습니다. 이곳에는 부와 권력을 지닌 소수와 그들이 선택한 사람들만 살고 있습니다. 절벽 아래 쓰레기 지대에는 아무것도 가지지 못한 다수가 살고 있습니다. 이들은 안전지대로 들어갈 수 없습니다. 성으로 들어가는 길목 곳곳에는 총을 든 감시원들이 지키고 있기 때문이지요. 『네크로맨서』의 세상에서는 국가나 국경의 의미가 없습니다. 그저 권력과 자본을 지닌 소수와 그렇지 못한 다수가 있을 뿐입니다.

미래 사회를 배경으로 한 만화나 소설, 영화 등에서는 디스토피아가 곧잘 묘사되곤 합니다. 디스토피아는 '미래엔 이러한 세상이 펼쳐질지도 모른다는 상상' 속에서 현대사회의 부정적인 모습이 극대화된 세상입니다. 예술 작품에 묘사되는 디스토피아는 대체로 거대 자본이 모든 것을 잠식하고, 자본에서 소외된 사람들은 지옥 같은 가난 속에서 살아가는 세상입니다. 오늘날 국가는 엄연히 존재하지만 국가의 역할은 희미해지고 있습니다. 오늘을 사는 사람들은 자본이 국가보다 더 큰 힘과 권력을 휘두르는 행태들을 무수히 목격하고 있습니다. 그래서 디스토피아를 그린 작품 중에는 특정 기업이 세상의 모든 권력을 차지하고, 그 기업의 권력 안에 들지 못한 절대다수가 쓰레기가 되어버린 세상에서 살아가는 이야기가 많습니다.

다국적 기업이 국가권력을 넘어선 배경에는 '세계화'가 있습니다. 세계화는 전 세계가 하나의 공동체로 연결되는 것을 뜻합니다. 정치, 경제, 사회, 문화 등 거의 모든 분야에서 진행되어왔지요. 세계화는 원론적으로 국가 간의 상호 교류를 이룰 수 있는 바람직한 형태처럼 보이기도 합니다. 실제로 국가 간의 이동은 더 자유로워졌으며, 다른 국가의 문화를 접할 기회도 많아졌습니다. 우리가 접하는 타국의 문화는 대체로 미국이나 유럽의 문화입니다. 그런데 미국인이나 유럽인은 한국 문화에 별 관심이 없으며 잘 알지도 못합니다. 한류가 유행처럼 번졌다지만, 한국의 대중문화를 소비하는 것은 주로 중국이나 베트남 등 동남아시아 국가입니다. 그렇지만 한국은 중국이나 동남아시아의 문화에 대해서는 잘 모릅니다. 즉, 문화에서도 일방통행이 있을 뿐입니다. 긍정적으로 보면 '특정 국가의 문화 텍스트를 다른 국가에서 소비하는 것'이 되지만, 실상은 국력에 따라 문화가 일방적으로 전파되는 현상인 셈입니다. 미국 문화를 접한 한국은 미국에 대한 낭만을 가지게 되고, 한국 문화를 접한 베트남은 한국에 대한 낭만을 가지게 됩니다. 식민지 시대의 강대국들이 총과 칼로 약소국을 침략했듯이 오늘날 문화 강대국은 의도와 상관없이 일정 부분 이러한 역할을 수행하고 있습니다.

세계화로 인한 문화 교류가 상호 교류보다 일방적인 통행에 불과한 것처럼 '경제' 역시 그렇습니다. 경제는 세계화라는 이름을 내걸고 사람들에게 아주 희망적인 꿈을 보여줍니다. 자본과 노동의 국경이 사라짐으로써 누구든지 원하기만 한다면 세계를 상대로 일자리를 구하거나 돈을 벌 수 있다는 꿈이지요. 기업들은 자국보다 노동 임금이 싼 개발도상국에 공장을 짓는 일이 쉬워졌고, 개발도상국의 국민들은 자신의 노동력을 좀 더 많이 팔 수 있게 되었습니다. 소비자들은 온라인 거래로 집에서 다른 나라의 상품을 받을 수 있게 되었습니다. 또 일자리를 찾아 다른 나라로 갈 수도 있고, 자기 나라에서 다른 나라의 기업 일을 할 수 있게 되었습니다. 자본, 노동력, 물자의 국경이 사라진 세계는 하나의 경제 공동체를 바라던 꿈이 현실화된 것처럼 보입니다. 그런데 경제 세계화는 진짜 중요한 말을 하지 않습니다. 그 꿈 뒤에 감추어져 있는 경제 세계화의 핵심 구조는 '치열한 경쟁'이라는 것을요.

미국을 비롯한 경제 강대국은 자국의 한정된 시장을 벗어나 세계의 모든 국가를 대상으로 이윤을 창출하고자 합니다. 그러자면 국가 간의 경계를 허무는 것이 선행되어야 합니다. 강대국이 다른 약소국의 시장에 진입하기 위해서는 나라마다 높이 쌓아올린 담장을 무너뜨려야겠지요. 이 담장을 무너뜨리기 가장 좋은 말이 '세계화'입니다. 물론 세계화는 과학 문명의 발달에 힘입어 거스를 수 없는 흐름이 되어 나아가던 중이었습니다. 굳이 세계화를 말하지 않아도 세계화의 기운은 정치. 경제, 문화 등 사회 각 분야에서 영향력을 발휘하고 있었습니다. 그럼에도 경제 면에서는 특정 국가의 특정 세력들에 의해 좀 더 집요하면서도 촘촘한 이론이 만들어졌습니다. 그 이론이 바로 '신자유주의'입니다.

신자유주의는 '시장의 자기 조정 능력이 시장을 활성화하니 국가가 개입하지 말고 시장을 자유롭게 내버려두어야 한다'는 이론입니다. 이 이론의 핵심은 '자유시장'입니다. 자유시장은 말 그대로 '경제 활동의 자유가 최대한 보장되는 시장'을 뜻합니다. 그런데 이 단어는 한편 이상하게 들리기도 합니다. 자본주의는 기본적으로 시장경제 체제를 지닙니다. 시장경제는 누구나 자유롭게 거래하는 체제인데 새삼 '자유'라는 말을 덧붙인 까닭이 무엇을 의미하는지 궁금할 수도 있습니다. 우리가 흔히 아는 '시장'과 '자유시장'의 차이는 국가의 개입 여부에 있습니다.

모든 국가는 기본적으로 자국의 시장을 보호하는 정책을 펼칩니다. 국가 정책에 맞지 않는 시장은 개방하지 않고, 시장을 개방하더라도 외국 기업에 관세를 부과하는 방식 등을 활용하여 제재를 가하는 것이지요. 자국의 산업을 보호하는 정책으로 한국의 스크린쿼터를 예로 들 수 있습니다.

스크린쿼터(한국 영화 의무 상영제)는 영화관에서 1년에 일정한 일수 이상 의무적으로 한국 영화를 상영하도록 한 제도입니다. 1966년 처음 이 제도가 시행되었을 때 한국 영화의 의무 상영 일수는 146일이었습니다. 1년에 적어도 146일(2006년 이후 현재는 73일) 이상은 무조건 한국 영화를 상영하도록 법으로 규제한 것이지요. 이 규제가 필요했던 이유는 한국 영화가 외국 영화와의 경쟁에서 이길 수 없는 수준이었기 때문입니다. 1960년대는 한국전쟁으로 폐허가 된 국토를 재건하고, 먹고살기 위해 정신없이 일하던 시대였습니다. 물론 이러한 시대에도 많은 영화인들이 영화를 만들었습니다. 영화는 글이나 그림과 달리 카메라, 필름, 배우, 스태프 등을 필요로 하는데, 이는 막대한 자본이 드는 일입니다. 그래서 영화는 다른 예술과 달리 산업으로서의 측면이 있습니다. 자본과 기술에 따라 영화의 수준이 달라지고, 자본이 없으면 배급조차 어려워집니다. 당연히 자본이 없는 제작사의 영화는 자본이 많은 제작사의 영화보다는 경쟁력이 떨어집니다. 영화관 역시 다른 사업체와 마찬가지로 이윤 추구를 목적으로 하다 보니 경쟁력 없는 한국 영화를 상영하지 않습니다. 이렇게 되면 한국 영화는 관객의 선택을 받기도 전에 그냥 사라질 수밖에 없습니다. 그러면 자본가들은 영화 제작에 투자를 하지 않게 되고, 영화인들은 영화를 만들 수 없게 되어버리겠지요. 하지만 스크린쿼터로 한국 영화도 상영 기회를 얻게 되면서 경쟁력을 키워나갈 수 있게 되었습니다. 물론 스크린쿼터에 대한 논란이 없었던 것은 아닙니다. 스크린쿼터의 혜택을 받은 영화 대부분이 대기업의 배급 영화인 데다가 독립 영화나 예술 영화는 여전히 소외되었기 때문입니다. 그럼에도 이 제도는 오늘날의 한국 영화를 일구는 데 일정 부분 힘이 되었습니다. 신자유주의자들은 스크린쿼터를 반칙으로 간주합니다. 정부의 개입이 자유시장의 공정한 경쟁을 망가뜨린다고 보는 것이지요.

경제 세계화로 인해 세계는 전 지구적 차원에서 부의 양극화가 진

한국 영화 「팔도강산」을 관람하기 위해 영화관에 모여 있는 장면(1971년).

행되고 있습니다. 세계화의 표어로 내건 말은 '다자간의 상호 교류'이지만 결국은 국력과 자본이 강한 국가와 기업이 시장의 대부분을 차지하게 되었지요. 많은 사람들은 가까운 미래, 혹은 먼 미래에는 거대 기업이 국가의 힘을 뛰어넘을 것이라고 예측합니다.

자유시장에서는 정말 자유롭게 경쟁할 수 있는 것일까?

스포츠 경기 중에는 선수의 몸무게에 따라 체급을 구분하여 경기를 하도록 하는 종목이 있습니다. 대표적인 예가 복싱입니다. 아마추어 복싱은 12가지 체급으로 나뉩니다. 48킬로그램 미만인 라이트플라이급부터 91킬로그램 이상인 슈퍼헤비급까지 선수의 몸무게에 따라 체급이 정해지지요. 그런데 만약 라이트플라이급 선수가 슈퍼헤비급 선수와 경기를 하게 되면 어떻게 될까요? 당연히 슈퍼헤비급 선수가 이길 확률이 높겠지요. 물론 라이트플라이급 선수가 초인적인 힘을 발휘하여 이길 수도 있겠지만 그럴 확률은 매우 낮습니다. 또 관중들은 애당초 공정하면서도 자유로운 경기를 기대할 수 없게 됩니다. 그래서 체급이 같은 선수끼리 경기하도록 하는 것이지요.

우리가 흔히 생각하는 '공정하면서도 자유로운 경쟁'은 복싱 경기와 같은 것입니다. 자유시장을 복싱 경기처럼 체급으로 나누어봅시다. 다국적 기업이나 대기업은 높은 체급, 중소기업은 중간 체급, 자영업자는 낮은 체급이 되겠지요. 공정한 경기가 되려면 체급이 같은 기업끼리 경쟁해야 합니다. 다국적 기업은 다국적 기업끼리, 중소기업은 중소기업끼리, 자영업자는 자영업자끼리 경쟁하는 것이지요. 하지만 자유시장에서는 체급을 가리지 않습니다. 무조건 링 위에 올려놓고 경기를 하게 만들지요. 그러곤 이렇게 말합니다.

"자, 여기선 아무도 간섭하지 않으니까 공정하게 경쟁해."

이러한 경기가 정말 공정할 수 있을까요? 심지어 약한 선수가 초주검이 되도록 얻어 맞아도 말리는 심판도 없습니다. 약한 선수는 강한 상대와 싸우기 위해 링 위에 오르는 순간 죽음을 각오해야 합니다. 그런데 약한 선수는 왜 경기에 응했을까요? 애당초 상대조차 되지 않는데 무슨 배짱으로 링 위에 올랐을까요?

답은 선수의 국적에 있습니다. 미국이나 영국 같은 강대국의 정부는 약소국의 정부에 압력을 넣습니다.

"우리 기업이 너희 나라에서 경기할 생각이야. 그러니까 문 열어."

약소국의 정부는 지는 경기인 줄 뻔히 알지만 강대국의 힘에 못 이겨 시장을 개방합니다.

자유시장은 영국을 중심으로 1970년대에 처음 등장했습니다. 이전까지만 해도 영국을 비롯한 유럽은 영국의 경제학자 존 케인스의 『고용·이자 및 화폐의 일반 이론』을 바탕으로 정책을 펼쳤습니다. 케인스는 '정부의 시장 개입'이 '시장의 안정화와 공평한 분배를 가능'하게 한다고 보았습니다. 그런데 1970년 이후 장기 불황이 닥치자 사람들은 케인스의 이론을 의심하기 시작합니다.

'정부의 개입이 정말 경제적 문제를 해결할 수 있는가?'

'정부가 정말 국가 경제를 발전시킬 수 있는가?'

'정부가 이처럼 덩치를 키우면 오히려 시장경제에 불리한 것은 아닌가?'

이러한 의문 속에서 케인스의 '일반 이론'을 비판한 경제학자가 있습니다. 바로 오스트리아의 경제학자 프리드리히 하이에크입니다. 하이에크는 케인스의 이론을 받아들이면 정부의 몸통이 커지는 위험이 있다고 보았습니다. 자본주의 시장경제 체제에서 몸통이 커진 정부의 간섭은 오히려 시장을 위축시키고 성장에 장애가 된다고 판단한 것이지요.

사실 케인스는 정부가 모든 시장에 개입해야 한다고 주장한 적이 없습니다. 시장의 자유경쟁을 인정하되, 민간에서 할 수 없는 일을 정부가 개입하여 안정을 이루어야 한다고 했던 것이지요. 이를테면 일자리 창출과 사회 기반 시설 운영은 민간이 아닌 정부의 책임이라고 보았습니다. 그는 실업률을 낮추고 고용을 높이는 정책이야말로 국민들이 안정적인 생활을 할 수 있도록 만드는 정부의 기본적인 의무로 인식했습니다. 또한 도로나 철도, 수도와 전기 등과 같은 사회 기반 시설은 정부가 주도적으로 만들어나가야 하는 것이라고 주장했습니다. 이러한 사업은 규모가 클 뿐만 아니라 국민의 삶과 직결되는 것이기 때문입니다. 만약 정부가 아닌 민간 기업이 사회 기반 시설을 주도하게 되면 국민들은 마땅히 누려야 할 서비스에 대해서도 비싼 값을 지불해야 합니다.

그런데 하이에크를 비롯한 자유시장주의자들은 일자리 창출, 부의 분배와 같은 일조차 정부가 개입해서는 안 된다고 주장한 것입니다. 그리고 그 논리를 구축하기 위해 애덤 스미스의 '보이지 않는 손'

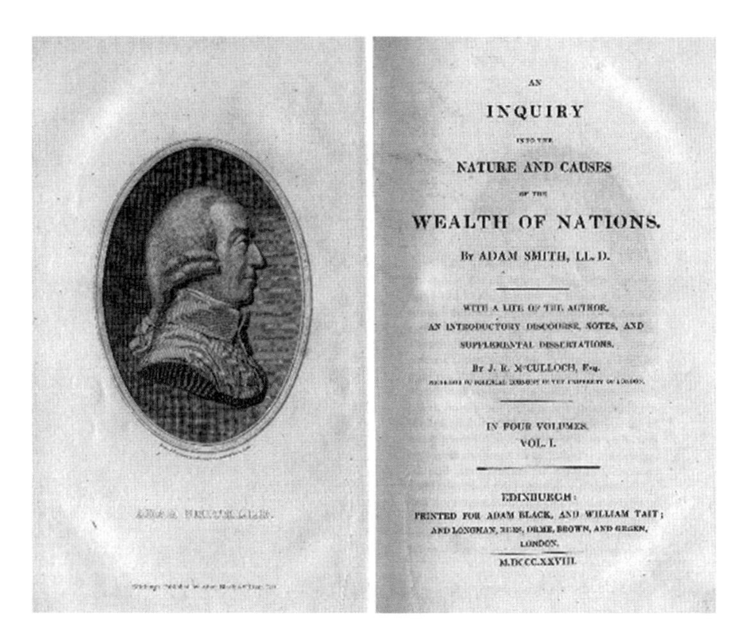
AN

INQUIRY

INTO THE

NATURE AND CAUSES

OF THE

WEALTH OF NATIONS.

BY ADAM SMITH, LL.D.

WITH A LIFE OF THE AUTHOR,
AN INTRODUCTORY DISCOURSE, NOTES, AND
SUPPLEMENTAL DISSERTATIONS.

BY J. R. McCULLOCH, Esq.

IN FOUR VOLUMES.
VOL. I.

EDINBURGH:
PRINTED FOR ADAM BLACK, AND WILLIAM TAIT;
AND LONGMAN, REES, ORME, BROWN, AND GREEN,
LONDON.

M.DCCC.XXVIII.

애덤 스미스의 『국부론』 속표지. 정식 명칭은 '국가의 부의 내용과 원천에 관한 고찰'이다.

을 제시합니다. 애덤 스미스는 『국부론』에서 '시장은 자유로운 경쟁이 이루어져야 한다'고 말했습니다. 굳이 정부가 개입하지 않아도 상품의 적정한 가격과 품질이 정해지는데, 이를 '보이지 않는 손'이라고 표현했습니다.

이후 자유시장을 주장하는 신자유주의자들은 '보이지 않는 손'을 끊임없이 내세웁니다. 자유로운 시장에서 자유롭게 경쟁할 수 있는 장치, 곧 '보이지 않는 손'이 존재하니 정부는 시장에 그만 개입하라는 것이지요. 그런데 복싱 경기처럼 체급을 나누지도 않고 규칙도 없는 시장에서 '자유로운 경쟁'이 가능할까요? 정부의 개입이 없는 시장에서 정말 '공정한 경쟁'이 펼쳐질 수 있을까요? 애당초 힘의 균형이 맞지 않은 경기는 승패와 상관없이 무효화되곤 합니다. 하지만 자유시장에서는 무효화가 없습니다. 패배한 사람들은 가난이라는 관 속에 처박히고 맙니다. 그런데도 우리는 공정하다고 우기는 '자유시장의 링' 위에 계속 서 있어야 하는 것일까요?

민영화는 국민에게 도움이 될까?

한 남자가 작업 도중에 무릎이 찢어지는 사고를 당했습니다. 큰 상처를 입었지만 그는 병원에 가지 않고 스스로 자신의 무릎을 꿰맵니다. 마취 없이 상처를 꿰매기란 고통스러운 일인 데다가 2차 감염에 노출되는 위험까지 있지만 어쩔 수 없는 일이었지요. 그는 병원비를 지불할 돈이 없었습니다. 또 한 남자는 작업 중 손가락 두 마디가 잘려나가는 사고를 당했습니다. 이 남자는 병원에 갔습니다. 하지만 그는 두 손가락 중 하나만 붙입니다. 두 손가락을 다 붙일 만한 돈이 없었던 것이지요. 이 이야기는 실제로 있었던 일입니다.

믿을 수 없을 만큼 참담한 이 두 남자는 복지라고는 전혀 없는 어느 가난한 나라의 국민이 아닙니다. 세계 제일의 경제 대국 미국의 국민입니다. 미국의 영화감독 마이클 무어는 이들의 이야기를 다큐멘터리 영화 「식코」에서 적나라하게 보여줍니다.

다큐멘터리 영화 「식코」 포스터. 실화를 바탕으로 미국의 민영화된 의료보험 체계를 신랄하게 비꼬았다.

「식코」는 미국의 의료보험 제도를 신랄하게 비판한 다큐멘터리입니다. 미국에는 한국과 같은 '국민건강보험' 제도가 없습니다. 한국에서는 모든 국민이 국민건강보험에 가입되어 있습니다. 병이 들거나 사고로 다친 사람이 병원에서 치료받을 경우 건강보험의 보장률은 평균 63.4%(2015년 기준)입니다. 이를테면 사고로 크게 다친 철수가 병원에서 치료한 비용이 1,000만 원이라면 철수는 366만 원만 내면 됩니다. 물론 이러한 혜택을 받으려면 매달 일정 금액의 보험료를 내야 합니다. 이는 한국 국민이라면 모두 의무적으로 들어야 하기 때문에 피할 수 없습니다. 대신 국민건강보험의 혜택을 받을 수 있지요.

미국 국민은 의료에 한해서는 이러한 사회보장제도의 혜택을 받지 못합니다. 국가가 운영하는 의료보험이 없기 때문입니다. 의료보험에 가입하고 싶은 사람은 기업에서 운영하는 민영 의료보험을 들어야 합니다. 민영 보험은 국영 보험과 달리 적은 돈으로 큰 혜택을 보장받지 못합니다. 심지어 미국의 민영 의료보험은 한국과 달리 모든 지역, 모든 병원에 적용되지도 않습니다. 보험회사마다 해당되는 지역과 병원이 다르기 때문입니다. 만약 찰스가 보험회사의 지정 병원에서 치료를 받지 않는다면 수년간 의료보험을 내고도 혜택을 받지 못합니다. 이러한 위험을 피하려면 비싼 의료보험을 적어도 서너 개 이상은 들어야 합니다. 그럼에도 민영 의료보험의 혜택은 크지 않을뿐더러 민영 의료보험 회사는 환자의 자비 부담을 늘리기 위해 온갖 꼬투리를 잡습니다. 이를테면 "찰스, 당신이 작업장에서 안전 모자를 쓰지 않았기 때문에 사고가 난 거야. 그러니 우리는 의료보험료를 30%만 지불할 수밖에 없어" 같은 식이지요.

많은 미국인들은 민영 의료보험료가 너무 비싸 가입 자체를 포기하기도 합니다. 그러다 덜컥 병이 들거나 사고로 크게 다치기라도 하면 치료비를 감당하지 못해 파산으로 치닫는 경우가 발생하기도 합니다. 실제로 미국에서는 중산층 몰락의 대표적 요인으로 높은 의료비를 들고 있습니다.

이러한 현실은 미국 사회의 불안함을 높이는 요소로 작용합니다. 오바마 대통령은 '오바마 케어(환자 보호 및 부담 적정 보험법)'를 실행하여 국영 의료보험을 시스템화하려고 했습니다. 그러자 민영 보험회사들이 들고일어나 국가가 기업의 고객을 빼앗는 일이라며 극렬하게 반대했습니다. 미국의 국영 의료보험 시스템이 정착되기란 쉽지 않았습니다. 그러는 와중에 오바마 정부 다음에 들어선 트럼프 정부는 '오바마 케어'에 제동을 걸기까지 했습니다.

의료보험처럼 민영화가 되어서는 안 되는 것들이 있습니다. 국가가 국민에게 기본적으로 제공해야 하는 서비스입니다. 도로·철도·항만·공항 등의 교통 시설, 수도·전기·가스 등의 에너지 공급 시설, 방송·통신 시설, 학교·병원·공원·도서관 등의 문화생활 시설 등입니다. 이러한 시설들은 사회 기반 시설입니다. 사회 기반 시설은 삶의 편리를 위해 국민이 필요로 하는 최소한의 시설로 누구든지 누릴 수 있어야 하는 것입니다.

국민은 세금을 내 국가가 사회 기반 시설을 만들거나 운영하도록 합니다. 그러니까 이러한 사회 기반 시설은 애당초 공짜가 아닙니다. 그런데 이러한 기반 시설조차 시장 경쟁에 맡겨야 한다는 것이 자유시장주의자들의 논리입니다. 어떠한 사업도 국가가 독점해서는 안 된다는 것이지요. 그리고 다음과 같은 이유를 근거로 제시합니다.

1. 국가가 독점하는 한 서비스의 질은 좋아질 수 없다.
2. 여러 기업이 운영하게 되면 자유시장의 논리에 따라 경쟁을 하게 되고, 경쟁은 더 많은 서비스를 개발하게 할 뿐만 아니라 더 낮은 비용을 제시하게 될 것이다.
3. 세계는 자유시장으로 가는 추세이다. 모든 국가는 문을 활짝 열어 다국적 기업의 진입을 자유롭게 받아들여야 한다. 다국적 기업은 서비스의 질을 높일 것이다.

국영기업의 사업은 대체로 국민에게 기본적인 서비스를 제공하는 차원에서 진행됩니다. 반면에 민영기업은 이윤 추구를 목적으로 합니다. 자본주의사회에서 기업의 목적은 이윤 추구일 뿐입니다. 그 이상은 없습니다. 그렇기 때문에 국영기업의 사업을 민영기업이 가져갈 경우 서비스 비용은 더 높아질 수밖에 없습니다. 그리고 자본주의 사회에서 민영기업 간의 '자유로운 경쟁'은 애당초 현실적으로 성립되기 어렵습니다. 다국적 기업이나 대기업 같은 거대 기업이 시장을 독점하게 되는 경우가 많습니다. 국영기업을 민영화하여 특정 기업의 독점으로 만들어버리는 사례는 한국뿐만 아니라 다른 나라에서도 쉽게 목격할 수 있습니다. 이를 가장 극명하게 보여주는 예가 멕시코의 통신 시장입니다. 원래 멕시코의 통신 시장은 국영기업 '아메리카 모빌'이 운영해왔습니다. 그런데 1990년 통신 시장의 민영화가 이루어졌습니다. 민영화가 이루어진 후 멕시코의 통신 시장은 멕시코의 기업인 카를로스 슬림에게 넘어가 카를로스가 70~80%를 독점하게 되었지요. 특정 기업의 독점화는 통신의 질을 떨어뜨리고 서비스 비용은 오히려 높이는 결과를 낳았습니다.

민영기업은 국영기업과 달리 이윤만을 추구합니다. 경쟁 상대도 없는 시장에서 기업은 굳이 국민들의 삶의 질을 걱정하며 이를 위한 서비스를 제공하지 않습니다. 민영기업은 국민들의 삶의 질을 향상시키는 데 별로 관심이 없습니다. 오직 이윤 추구를 목적으로 하며, 그것을 위해 존재하니까요. 그러므로 복지 관련 사업이나 사회 기반 시설은 국영기업에서 운영하는 것이 바람직합니다.

그런데 국가가 운영하기만 하면 국민은 질 좋은 서비스를 적은 비용으로 누릴 수 있는 것일까요? 국영기업은 국영기업대로 해결해야 하는 문제가 있습니다. 이를테면 정치인과 관료들이 국영기업을 사적으로 활용하여 이익을 챙기는 경우입니다. 이로 인해 국민이 마땅히 누려야 하는 이익이나 혜택이 반감되거나 송두리째 사라지기도 합니다. 제도적으로는 국영기업에 대한 부패 방지 시스템을 적용하고, 국민들은 늘 감시와 비판의 눈을 매섭게 뜨고 있어야 합니다.

◎다국적 기업은 정말 다국적인가요?

'다국적 기업'의 뜻을 그대로 풀이하면 '여러 국적을 가진 기업이 합작하여 만든 기업'이 되어야 합니다. 하지만 다국적 기업은 여러 국적이 아니라 하나의 국적만 가지고 있습니다. 예를 들면 맥도날드, 스타벅스, 애플 등이 다국적 기업인데, 이 기업들의 국적은 미국입니다. 대체로 다국적 기업의 국적은 미국인 경우가 많습니다. 미국에 본사를 둔 이 기업들은 외국에 자회사를 설립하거나 지사를 두고 있지요.

사실상은 다국적이 아닌데도 '다국적'이라는 표현을 사용하는 이유는 1960년대 유럽에 진출한 미국 기업에 대한 유럽 사람들의 거부반응을 누그러뜨리기 위해서였습니다. 미국의 대기업은 어마어마한 자본력으로 유럽 시장을 잠식해나갔습니다. 이로 인해 유럽은 미국의 자본이 결국에는 세계경제를 잠식하고 말 것이라는 불안감을 가지게 되었습니다. 실제로 미국의 다국적 기업은 1970년대 들어서서는 유럽뿐만 아니라 아시아까지 진출했으며, 개발도상국에서는 정치 문제까지 간섭하기도 했습니다. 이에 거부반응을 보인 유럽이나 아시아에서는 미국 기업의 진출을 반대했을 뿐만 아니라 반미운동을 펼치기도 했습니다. 세계시장을 장악하려는 미국 기업들에 대한 부정적인 이미지를 완화하려는 꼼수가 '다국적 기업'이라는 이름입니다.

오늘날 다국적 기업은 미국계 기업뿐만 아니라 세계 여러 나라의 기업들로 확대되어 있습니다. 이를테면 한국 기업인 '삼성'도 다국적 기업입니다. 국적은 한국이지만 세계 곳곳에 자회사나 지사를 설립하고 제조 공장이나 판매 회사를 가지고 있기 때문입니다. 다국적 기업은 시장의 세계화와 연관되어 '초국적 기업', '세계적 기업'이라는 이름으로 불리기도 합니다.

◎ 애덤 스미스의 '보이지 않는 손'에 대한 오해가 뭔가요?

신자유주의자들은 국가의 시장 개입을 적극적으로 반대합니다. 어떤 국가도 자국의 시장에 개입해서는 안 된다고 말하며, 그 이론적 근거로 '보이지 않는 손'을 제시합니다. '보이지 않는 손'은 애덤 스미스가 『국부론』에서 사용한 말입니다.

애덤 스미스가 살았던 시대에는 '신자유주의'라는 개념이 없었습니다. 또한 애덤 스미스는 단 한 번도 자본가의 편이었던 적이 없습니다. 오히려 가난한 사람들이 어떻게 하면 더 잘살 수 있는지 고민했지요. 그는 가난한 사람들도 부자가 될 수 있다고 생각했습니다. 그 방법 중의 하나가 '보이지 않는 손'입니다. 그가 말하는 '보이지 않는 손'은 정부의 규제가 없는 상황에서 사람들이 좀 더 자유롭게 무역할 수 있도록 하는 것이었습니다. 자본이 없는 사람들은 노동력을 팔아 저축하고, 그 돈으로 자기 사업을 하면 된다고 여겼지요.

애덤 스미스는 인간은 도덕적이고 이타적인 기질이 있다고 믿었습니다. 그와 동시에 이기적인 면도 있다고 보았지요. 그런데 '이기심'이라고 해서 꼭 부정적으로 사용된 것은 아닙니다. 이기심이 일어나 이익을 추구하게 되는 것이고, 이익 추구는 인간이 열심히 경제활동을 하게 만드는 동기가 되니까요. 또 개개인의 부는 곧 나라 전체의 부를 발전시킬 수 있다고 보았습니다. 그리고 그 방법으로 '보이지 않는 손', 즉 자유무역을 주장했던 것입니다.

애덤 스미스가 자유무역을 부를 이룰 수 있는 방법으로 생각했던 것은 당시의 시대 상황과도 연관이 있습니다. 그가 살았던 18세기 영국은 중세의 길드(조합)가 여전히 성행하고 있었습니다. 그런데 길드는 사람들이 자유롭게 무역하는 데 걸림돌이 되었습니다. 또 영국을 비롯한 유럽은 도시 간의 이동을 금지했으며, 관세를 높여 외국과의 무역을 막았습니다. 애덤 스미스는 이에 대해 다음과 같은 판단을 하지요.

노동, 자본이 자유롭게 이동하는 것을 방해함으로써 노동, 자본의 각종 사용처의 유리성, 불리성 전체에 매우 불편한 불균등을 야기하는 경우가 있다.

당시 사람들은 너무 많은 규제 때문에 활발한 무역을 펼칠 수 없었습니다. 애덤 스미스는 바로 이러한 현실이 오히려 불평등한 상황을 초래한다고 인식했습니다. 실제로 일반 대중은 길드나 정부의 규제로 인해 돈을 더 벌 수 있는 기회를 가지지 못했습니다. 그래서 애덤 스미스는 규제를 줄이고 무역을 개방해야 한다는 주장을 펼칩니다. 이는 오늘날 거대 기업이 막강한 자본으로 밀고 들어오면서 시장을 '보이지 않는 손'에 맡기라고 요구하는 것과는 그 뿌리부터가 다른 것입니다.

길드는 무엇일까요?

유럽에는 11세기에 발생하여 16세기까지 왕성한 활동을 펼친 '길드'라는 특별한 조합이 있었습니다. 길드는 크게 상인 길드와 수공업 길드로 나뉩니다. 상인 길드는 도시나 시골에서 영업하는 상인들이 참여한 조합이고, 수공업 길드는 산업의 모든 기술자와 장인이 참여한 조합입니다. 상인 길드와 수공업 길드는 푸줏간 길드, 금속세공인 길드처럼 업종별로 분류됩니다. 오늘날의 노동조합처럼 같은 직종에 있는 사람들이 하나의 단체를 이룬 것이지요.

길드는 조합원들의 이익을 증진시키거나 상품의 질을 높이는 데 긍정적인 영향력을 발휘했습니다. 또 지역을 기반으로 활동하면서 해당 지역에 학교나 교회, 도로와 같은 기반 시설을 짓는 데 도움을 주기도 했습니다. 반면에 지방 상업을 독점하거나 엄격한 규칙을 정해 외부 상인이나 수공업자가 시장에 진입할 수 없도록 규제하기도 했지요. 이러한 배타성은 결국 길드의 여러 가지 긍정적인 측면을 야금야금 갉아먹는 결과를 낳았습니다. 독점 체제로 조합원들의 이익만을 추구한 나머지 시장이 활성화되지 못했으며, 새로운 기술에 대한 거부감으로 고인 물이 되어버렸지요. 결국 길드는 쇠퇴하고 말았습니다.

◎ '사영화'가 아니라 왜 '민영화'라고 하나요?

현재 한국은 국가가 의료보험 서비스를 시행하고 있지만 한동안 의료보험의 민영화를 두고 큰 논란이 일기도 했습니다. 2010년 6월, 국회에서 의료법 개정안이 통과되었는데, 이 개정안에 의료보험의 민영화는 없었습니다. 하지만 이 개정안은 의료보험의 민영화를 위한 발판을 마련했습니다. 당시 사회에서는 의료보험의 민영화를 찬성하는 쪽과 반대하는 쪽의 의견이 팽팽하게 대립했습니다.

민영화를 찬성하는 쪽은 국가가 독점하고 있는 의료 서비스를 민간 기업에 이양함으로써 더 다양하고 질 좋은 의료 서비스를 선택할 수 있다고 주장했습니다. 이러한 주장은 꽤 많은 사람들에게 호응을 얻었습니다. 국가가 독점하는 것보다 민간 기업이 경쟁을 통해 서비스를 제공하는 것이 더 좋을지도 모른다고 생각했지요. 그래서 국영기업의 민영화를 바람직한 일로 여기기도 했습니다. 그런데 '의료보험의 민영화'를 긍정적인 이미지로 만드는 데에는 '민영화'라는 단어도 한몫했습니다.

민영화의 '민'은 기본적으로 '국민'을 일컫는 복수 개념입니다. 따라서 민영화가 된다는 것은 국가가 국민에게 무언가를 돌려준다는 의미를 지닙니다. 하지만 '의료의 민영화'를 비롯해 수많은 국영기업의 민영화는 국민에게 '되돌려주는' 의미를 지니지 않습니다. 오히려 국가가 관리하던 공공사업이나 서비스를 특정 기업이나 개인에게 팔아넘기는 것을 뜻하지요. 그래서 정확하게 표현하자면, '의료의 민영화'가 아니라 '의료의 사영화'가 되어야 합니다.

사영화를 주장하는 이들이 '민영화'라는 단어를 쓰는 이유는 '사영화'의 부정적인 이미지를 없애기 위해서입니다. 국가가 공공의 이익을 위해 관리해왔던 것을 기업이나 개인에게 팔아넘기는 것에 국민들이 가지는 반감을 최소한으로 줄이기 위해서이지요. 결국 사영화는 '이익의 사유화'와 '손실의 사회화'가 되는 일에 불과하지만 '민영화'라는 단어를 덧씌워 그 본질을 숨기고 있습니다. 따라서 '의료 민영화, 철도 민영화, 공항 민영화' 등 수많은 민영화는 정확하게 '의료 사영화, 철도 사영화, 공항 사영화' 등으로 바꿔 표현해야 하는 것입니다. 민영화는 사영화로 인해 이익을 얻는 자들이 말하는 단어이지, 사영화로 인해 손해를 보게 되는 대부분의 국민들이 말할 수 있는 단어가 될 수 없습니다.

소비를 권하는 사회

시장과 소비

우리는 어느 때보다 풍요로운 세상에서 살고 있습니다. '풍요롭다'라고 하는 이유는 시장에 정말 다양하고 많은 물건이 나와 있기 때문입니다. 가방만 해도 종류별로 기능이나 디자인이 다양해서 한 개만으로는 만족하지 못합니다. 적어도 두 개 이상은 가지고 있어야 옷이나 신발에 맞춰 사용할 수 있습니다. 또 우리는 어느 때보다 편리한 세상에서 살고 있습니다. '편리하다'라고 하는 까닭은 시장에 나온 많은 물건들이 사람을 대신해 일해주기 때문입니다. 세탁기가 옷을 빨아주고 청소기가 청소를 해줍니다. 그리고 우리는 어느 때보다 자유로운 세상에서 살고 있습니다. '자유롭다'라고 하는 이유는 이동이 쉬워져 어디든 갈 수 있게 되었기 때문입니다. 특히 비행기나 배 같은 교통수단은 우리를 세계 반대편으로 데려다줍니다. 정말 세상은 풍요롭고, 편리하고, 자유로워졌습니다.

이러한 세상을 우리는 얼마든지 누릴 수 있습니다. 단, 아주 단순한 조건이 있습니다. 돈만 있으면 됩니다. 종류별로 가방을 구입하고 싶다면 돈을 내면 됩니다. 세탁기와 청소기를 가지고 싶다면 돈을 내면 됩니다. 비행기나 배를 타고 세계 곳곳을 누비고 싶다면 돈을 내면 됩니다. 다른 사람보다 더 좋은 가방이나 최신식 세탁기를 가지고 싶고, 비행기를 탈 때 일등석에서 편하게 가고 싶다면 더 많은 돈을 내면 됩니다.

'시장과 소비'는 이처럼 단순한 질서를 가지고 있습니다. 시장에는 많은 물건이 나와 있고, 우리는 돈을 내고 소비하면 되는 것입니다. 가방, 세탁기, 비행기 등을 직접 만들지 않아도 됩니다. 우리에게 필요한 것이 무엇인지조차 고민하지 않아도 됩니다. 텔레비전, 인터넷 포털 사이트, 소셜 네트워크 서비스SNS에 접속만 해도 수많은 광고가 가르쳐줍니다. 이를테면 선이 있는 이어폰만 있는 줄 알았는데 선이 없는 무선 기기들이 있다는 것을 알게 됩니다. 그와 동시에 지금까지 유선 이어폰이 얼마나 거추장스러웠으며 불편했는지도 알게 됩니다. 물론 무선 기기들도 돈만 지불하면 살 수 있습니다.

이는 반대로 돈이 없으면 아무것도 가질 수 없다는 것을 뜻하기도 합니다. 돈이 없는 사람에게 세상은 결코 풍요롭지도, 편리하지도, 자유롭지도 않습니다. 프랑스 소설가 조르주 페렉은 『사물들』에서 등장인물의 입을 빌려 이렇게 말합니다.

> 그토록 많은 것을 약속하면서 실은 아무것도 주지 않는 이 세계에서의 긴장은 너무 심했다.

시장은 상품으로 넘쳐납니다. 하지만 소설에 등장하는 프랑스의 한 시골 마을에서 수도 파리로 온 젊은 남녀는 아무것도 가지지 못합니다. 그로 인해 그들은 '긴장 상태'에 놓이게 됩니다. 이러한 긴장은 단지 가지고 싶은 것을 가지지 못하는 상실감만을 뜻하지는 않습니다. 이는 사회에서 그들이 처한 위치에 대한 이야기이기도 합니다.

신분 사회에서는 신분이 소비 형태를 결정했습니다. 이를테면 조선시대 평민들은 아무리 돈이 많아도 양반들이 타고 다니는 가마를

광고 현판으로 가득한 명동 거리.

구입할 수 없었습니다. 옷이나 집도 신분에 따라 구입할 수 있는 것과 없는 것이 구분되어 있었습니다. 돈이 있든 없든 양반 계층이 쓰는 상품을 평민 계층이 사용해서는 안 되었습니다. 양반 계층은 이러한 법칙을 두어 그들이 일반 계층과는 다른 존재라는 것을 못 박았지요. 오늘날에는 이러한 법칙 같은 것은 없습니다. 만약 정부가 이러한 법칙을 제도화하려 한다면 사람들은 이렇게 항의하겠지요.

"말이 돼? 무슨 조선시대도 아니고. 이 평등한 세상에서 말이지."

그런데 막상 우리는 평등한 소비를 할 수 없습니다. 자본주의사회의 가장 큰 문제점은 빈부 격차로 인한 경제적 불평등입니다. 경제적 불평등이 우리의 현실이라는 사실은 웬만한 사람들은 다 알고 있습니다. 이를 두고 '뭐, 이런 이상한 질서 같은 게 다 있어?'라고 생각하지 않습니다. 자본주의 자체가 '누구나 자유롭게 이윤 획득을 가장 큰 목적으로 하는 경제활동'이기 때문입니다. 자기 능력껏 돈을 벌고, 자기 능력만큼 돈을 씁니다. 이때 돈을 버는 능력이나 돈을 모으는 능력의 배경까지 살피지는 않습니다. 누군가는 부모에게 받은 재산으로 처음부터 앞서 있고, 누군가는 처음부터 뒤처져 있습니다. 철수가 온전히 자기 힘으로 1억을 모았어도 부모에게 5억을 상속받은 영희의 능력이 훨씬 큰 것이 되어버립니다. 그리고 그 능력은 소비 능력을 결정합니다. 더 좋은 옷과 신발, 더 고급스러운 자동차, 더 크고 넓은 집 등이 능력의 기준이 되지요. 한 자동차 기업은 텔레비전 광고에서 이를 아주 적나라하게 표현하기도 했습니다.

'당신이 타고 있는 차가 당신을 말해줍니다.'

이런 광고 문구도 있었습니다.

'많이 변한 당신, 멋지게 사셨군요.'

한 여자가 한 남자를 지나칩니다. 문득 돌아본 여자는 그 남자가 그랜저를 타는 모습을 보게 됩니다. 뒤이어 여자의 독백이 이어집니다.

'멋지게 살았구나.'

이 짧은 광고는 여러 이야기를 담고 있습니다. 여자와 남자는 옛날에 알고 지내던 사이였다는 것과 여자는 그동안 만나지 못했던 남자의 삶을 추측하고 있다는 것입니다. 추측의 근거가 된 것은 고급 자동차였습니다. 남자의 옷차림도 한몫했겠지요. 다만 자동차 광고이기 때문에 '자동차'를 부각시킨 것입니다.

이처럼 소비 수준은 삶의 수준을 결정하는 요소가 됩니다. 삶의 수준은 조선시대 신분제로 따지면 양반의 수준이 되는 것이지요. 콕 집어 계급을 나눈 것은 아니지만 오늘날에도 계급은 존재합니다. 조선시대와 다른 점이 있다면, '돈'이 '계급'의 자리를 차지하고 있다는 것입니다.

이러한 맥락에서 보자면, 역사는 별반 달라진 것이 없습니다. 여전히 계급은 존재하며, 여전히 평등하지 못합니다. 다른 점이 있다면, 신분제 사회가 아니기 때문에 누구나 부자가 될 수 있으며, 누구나 원하는 것을 소비할 수 있다는 꿈을 가질 수 있게 된 것입니다. 『사물들』의 남녀는 그 꿈을 안고서 도시로 갔던 것이지요. 하지만 그 꿈은 선택된 몇몇에게만 주어지는 것일 뿐, 자신들은 결코 이룰 수 없는 것이라는 사실을 깨닫게 됩니다. 결국 그들은 고향인 시골로 돌아갑니다. 하지만 꿈은 중독성이 강하고, 도시에 진열된 수많은 상품은 여전히 매력적입니다. 그래서 그들은 다시 도시로 옵니다. 그들에게는 아무리 가혹해도 이 세상은 풍요로우니까요.

이처럼 시장의 풍요는 모든 사람의 풍요로 이어지지 않습니다. 시장 사회에서 소비는 돈을 필요로 합니다. 그 돈으로 소비할 수 있는 상품의 수준은 곧 그 사람의 계급을 결정합니다. 즉, 소비는 단지 '상품을 구입하는 행위'를 넘어서 사회적 위치를 결정하는 역할까지 맡게 되는 것이지요.

소비를 권하는 사회

철수는 스마트폰을 2년 주기로 바꾸었습니다. 2년이면 대체로 약정 기간이 끝나기 때문이지요. 그리고 그때쯤이면 배터리가 빨리 닳아 반나절을 견디지도 못합니다. 친구들도 철수와 같은 상황인지라 대부분 스마트폰을 2년 만에 바꾸곤 했습니다. 그러다 보니 철수는 자연스럽게 이런 의문이 생기게 되었습니다.

'스마트폰은 왜 이렇게 수명이 짧은 거야? 이게 다 결국 쓰레기가 되는 거잖아. 환경오염이 장난 아니겠는걸.'

사실 철수는 이런 의심을 한 적도 있습니다.

'기업에서 스마트폰 수명을 일부러 줄이는 것은 아닐까? 때가 되면 신상품으로 교체하라고?'

철수가 이런 의심을 하게 된 데에는 이유가 있습니다. '프린트기'에 대한 이야기를 들었기 때문입니다. 프린트기는 태어날 때부터 계획하에 죽게 되는 시한부 인생이었습니다. 프린트기 안의 마이크로칩은 A4 용지 1만 장만 프린트하도록 설계되었기 때문이지요. 그 이상을 프린트하는 순간 프린트기는 고장이 나버립니다. 그러면 새 프린트기를 구입해야 합니다. 물론 칩을 바꾼 뒤 새로 부팅하면 되지만 기업에서는 그러한 사실을 알려주지 않습니다. 기업은 끊임없이 신상품을 만들고 그것의 판매율을 높여 이윤을 얻으려 하니까요.

그런데 철수의 의심이 사실로 드러난 사건이 발생했습니다. 스마트폰 시장을 주도적으로 이끌었던 애플사가 아이폰의 배터리를 의도적으로 노후화한 사실이 드러난 것입니다. 2017년 12월에 이 같은 사실이 드러나자 애플사는 공식 사과문을 냈습니다. 경쟁 기업들은 재빠르게 자신들의 입장을 밝혔지요. 삼성전자는 "우리는 배터리 충전을 제어하는 소프트웨어 알고리즘을 포함하여 삼성 모바일 기기의 배터리 수명을 늘렸다"고 했으며, LG전자는 "우리는 그런 적도 없고 앞으로도 그러지 않을 것"이라고 했습니다. 이 말들은 진실일 수도 있고, 아닐 수도 있습니다. 그런데 설혹 진실이 아니라 해도 우리에게는 별다른 선택권이 없습니다. 이제 우리는 스마트폰 없이는 단 하루도 살 수 없게 되어버렸기 때문입니다. 그러니 배터리 수명이 빨리 닳는 줄 뻔히 알고 있지만 2년이 지나면 어김없이 또 다른 스마트폰을 구입하겠지요.

대부분의 사람들은 어떠한 상품을 소비할 때 자신의 의지가 작용했다고 생각합니다. 혹은 그렇게 자신을 설득하지요.

'난 이 스마트워치가 꼭 필요해. 이게 있어야 운동을 할 수 있어.'

실제로 스마트워치는 유용합니다. 스마트워치만 있으면 전화 수신이나 각종 메시지 수신 알림을 간편하게 확인할 수 있고, 운동이나 수면 모니터링이 가능하며, 스케줄 일자를 바로 확인할 수도 있습니다. 그런데 스마트워치가 유용하다는 정보는 어떻게 알게 된 것일까요? 처음에는 스마트워치를 출시한 업체에서 알려준 것이지요. 세상에 없던 상품을 내놓으면서 기업은 이렇게 말합니다.

'스마트워치는 네 생활을 스마트하게 변화시켜. 너한테 꼭 필요해. 그런데 어떻게 모를 수 있어? 지금 당장 써봐.'

그전까지는 세상에 없는 상품이었던 스마트워치는 일정 시간이 지난 뒤 우리에게 없어서는 안 되는 상품으로 자리 잡게 됩니다. 사

이제는 필수품이 되어버린 스마트폰과 신용카드.

실 이러한 상품은 세상에 차고 넘칩니다. 우리는 일반 냉장고보다 김치냉장고에 김치를 넣어두어야 하고, 깨끗한 공기를 마시기 위해 공기청정기를 두어야 한다는 사실을 알게 되었습니다. 그리고 이 사실들은 우리가 기본적으로 구입해야 하는 상품 목록에 들어가게 되었지요. 이는 의식주만큼이나 당연하게 소비해야 하는 것들이 많아졌다는 것을 뜻합니다. 특히 스마트폰은 선택이 아니라 필수가 되었습니다.

필수가 되어버린 소비 물품들은 사람들의 소비를 필연적으로 이끌어냅니다. 철수는 한 달 생활비로 50만 원 정도를 쓰는데 별 부족함이 없었습니다. 가끔 친구들과 저녁을 먹거나 영화 구경도 할 여유가 있었지요. 그런데 스마트폰을 구입한 뒤로는 한 달에 50만 원을 가지고 생활하기가 빠듯해졌습니다. 스마트폰 기기 값과 통화료로 매달 6만 원 이상이 빠져나갔기 때문이지요. 그뿐만이 아닙니다. 비싼 스마트폰을 보호하기 위해 전용 케이스며 액정 보호 필름 등을 구입하는 데에도 적잖은 비용이 들었습니다. 또 음질이 좋은 스마트폰을 최대한 활용하고 싶은 욕심에 고급 무선 이어폰을 구입하기도 했습니다. 그러니 생활비가 빠듯할 수밖에 없었지요.

이처럼 우리는 필요로 하는 상품 이상을 소비하는 경우가 많습니다. 그렇다고 시장에 쏟아져 나오는 상품을 외면하기는 힘듭니다. '난 이 물건이 필요하지 않아'라는 생각을 하는 것도 쉽지 않습니다. 시장이 경쟁의 장인 것처럼 소비도 경쟁의 장이 되어버렸기 때문입니다. 남들 다 쓰는 스마트폰을 혼자 쓰지 않을 경우에는 시대에 뒤처져 있다는 느낌을 떨칠 수 없습니다. 게다가 소비를 하는 순간만큼은 자신의 주도성이 강하게 작용합니다. 상품의 품질, 기능, 디자인 등을 꼼꼼히 살피는 과정에서 나타나지요. 분업화된 사회에서는 완성품을 만드는 성취감을 얻기 힘듭니다. 이러한 성취감은 그나마 소비에서 가질 수 있습니다. 그래서 우리는 간혹 소비에 관한 한 자신의 선택이 많이 작용한다고 착각하게 됩니다. 그런데 기업의 마케팅 전략을 들여다보면 '소비자의 주도적 선택'이 생각보다 적다는 것을 알 수 있습니다.

기업의 마케팅 전략은 대체로 소비 심리를 건드려 상품을 구입하도록 유도하는 데 있습니다. 대표적인 것으로 '밴드왜건 효과'와 '베블런 효과'를 들 수 있습니다. 밴드왜건 효과는 다른 사람의 소비 행태에 영향을 받아 상품을 구매하는 형태를 말합니다. 이를테면 광고나 드라마에 출연한 연예인이 멋진 옷을 입고 있으면 사람들은 그 옷을 따라 입고 싶어 합니다. 그리고 한두 사람이 따라 입기 시작하고 입소문이 퍼지면 많은 사람들이 그 옷을 구입하게 됩니다. 얼마 전 품귀 현상이 일어난 'ㅇㅇ버터칩'도 바로 이 마케팅 전략을 활용한 사례 중의 하나입니다. ㅇㅇ버터칩은 출시된 이후 블로그나 SNS에 광고가 아닌 것처럼 노출되었습니다. '이 과자는 구하기 힘들다, 그런데 정말 맛있다'는 내용이었지요. 연예인들도 이 과자에 대한 사랑을 적극적으로 표현했습니다. 돈을 받고 광고하는 것이 아니라 진심인 것처럼요. 그러자 사람들은 이렇게 생각하게 되었지요.

'어, 그래? 저 과자가 정말 맛있어서 구하기 힘들다는 거지?'

이후 많은 사람들이 'ㅇㅇ버터칩' 찾기에 몰두했지요. 그런데 이는 ㅇㅇ버터칩이 구하기 힘든 과자임을 증명하는 결과를 낳았습니다. 많은 사람들이 특정 제품을 한꺼번에 찾으니 당연히 품절될 수밖에 없었지요. 철수도 한번 맛보겠다는 일념으로 편의점만 열 곳 넘게 찾아다녔지만 구할 수 없자 ㅇㅇ버터칩에 대한 갈망은 더 극심해졌습니다. 이렇게 철수처럼 소비를 갈망하도록 만드는 것이 'ㅇㅇ버터칩 마케팅 전략'의 의도였지요.

베블런 효과는 소비자의 과시욕이나 허영심을 십분 활용하는 것입니다. 대표적인 예로 '고가 마케팅'이 있습니다. 고가 마케팅은 상품의 가격을 의도적으로 높게 책정하여 판매하는 것을 말합니다. 이는 '비싼 물건일수록 품질도 좋을 것'이라는 사람들의 편견을 바탕에 두고 있습니다. 이에 더해 고가의 제품은 '나와 타인의 구별 짓기'를 가능하게 합니다. 이때의 구별 짓기는 상품의 가치로 사람의 가치를 판단하는 것이지요. 명품 가방을 소비하는 사람은 그 가방의 고급스러운 가치까지 소비하게 되는 것입니다. 이러한 믿음을 주는 것이 바로 마케팅의 힘이기도 하지요.

인간은 사회적 동물입니다. 그렇기 때문에 생존에 필요한 기본적인 것들만 소비하고 살 수는 없습니다. 사회적 관계 속에서 필요한 소비, 개인의 취향을 충족시키는 소비, 삶을 즐길 수 있는 소비 등 여러 이유로 상품이나 서비스를 소비하는 것은 당연한 일이기도 합니다. 그런데 기업은 이에 더해 전략적으로 사람들의 소비를 부추깁니다. 가지지 않으면 소외되거나 가지지 못하면 뒤처진다는 메시지를 툭 던져주고는 '자, 살 건지 말 건지 선택해'라고 재촉합니다. 이때 우리는 어떤 선택권을 가지고 있을까요? 또 우리는 얼마만큼 주도적인 소비를 하고 있는 것일까요?

윤리적 소비를 생각하다

지구의 반대편, 아프리카의 한 농장에서 열 살 남짓한 아이가 코코아 열매를 따고 있습니다. 이 아이는 1년 365일 매일같이 농장에서 일을 해왔습니다. 그리고 자신이 딴 코코아 열매가 초콜릿의 원료가 된다는 것도 알고 있습니다. 하지만 초콜릿을 먹어본 적은 없습니다. 아이가 사 먹기에는 초콜릿이 너무 비싸니까요. 하루 종일 일하고 받은 품삯은 그날 가족들의 식비로 다 쓰입니다. 코코아 농장을 찾은 기자에게 아이는 말합니다.

"그들은 제가 고통스럽게 만든 것을 즐깁니다. 그들은 내 육체를 먹고 있는 거예요."

아이가 말하는 '그들'은 세계 곳곳에서 초콜릿을 먹을 수 있는 '우리들'입니다. 경제적 성장을 이룬 나라의 사람들은 어디에서나 쉽게 초콜릿을 찾을 수 있고, 그것을 먹기 위해 망설일 필요가 없습니다. 적어도 이 초콜릿이 누군가의 하루 식비라는 생각 같은 것은 하지 않습니다. 달콤하고 맛있는 초콜릿에 아이들의 노동이 들어 있을 거라고는 상상도 하지 못할 것입니다.

우리가 먹거나 입거나 쓰는 상품들 중에는 '아동노동의 착취'가 기반이 되어 있는 것이 많습니다. 초콜릿이 그렇고, 커피가 그렇습니다. 우리가 매일 쓰는 스마트폰에도 어린아이들의 노동이 담겨 있습니다. 스마트폰 배터리는 코발트라는 광석으로 만듭니다. 코발트는 자이르(콩고민주공화국), 잠비아 같은 아프리카 국가에서 주로 생산되는데, 이 나라의 아이들은 어둡고 좁은 광산에서 코발트를 채취합니다. 안전장치도 없는 곳에서 일하는 아이들은 생명의 위협도 받습니다. 실제로 2015년 한 해에만 80여 명이 목숨을 잃기도 했습니다.

고용주가 아이들을 노동 현장에 투입하는 이유는 단순합니다. 어른보다 적은 임금을 주고 일을 시킬 수 있기 때문입니다. 이러한 사실을 세계적 기업인 삼성이나 애플이 모를 리 없습니다. 하지만 이러한 기업들은 아동노동에 별반 관심을 가지지 않습니다. 적은 임금은 생산 단가를 낮추고 가격 경쟁에서 우위를 차지할 수 있는 요소이기 때문입니다.

기업은 늘 저렴한 임금을 찾아다닙니다. 한국이 개발도상국이었을 때 다국적 기업들은 한국에 공장을 세웠지요. 자국의 노동자를 고용하는 비용보다 한국 노동자를 고용하는 비용이 훨씬 낮아서였습니다. 중국이 자본주의 경제체제에 편입되자 다국적 기업들은 중국으로 몰려들었습니다. 지대와 임금이 저렴한 중국은 오랫동안 '세계의 공장'이 되었습니다. 그런데 중국 경제가 성장하면서 지대와 임금이 오르자 다국적 기업들은 새로운 공장을 찾아나서기 시작했습니다. 베트남, 캄보디아, 미얀마 등 아직 경제성장을 이루지 못한 나라들이 대상이었지요.

저렴한 임금은 기업을 '먹이를 찾아 헤매는 하이에나'로 만들었습니다. 물론 역기능만 있는 것은 아닙니다. 개발도상국은 되도록 많은 기업이 자국에 투자하기를 원합니다. 자본과 공장이 들어서면 고용 창출과 지역 경제 발전의 효과를 누릴 수 있기 때문이지요. 그런데 그 과정에서 대부분의 임금노동자는 보호받지 못합니다. 사회적·정

20세기 초 미국의 광산에서 일하는 아동 노동자들. 미국의 다큐멘터리 사진작가 루이스 하인이 1901년에 촬영한 것이다. 미국 사회기록사진의 선구자로 평가받는 하인은 특히 아동노동의 참상을 집중적으로 카메라에 담아냈다.

치적·제도적으로 노동자가 당연히 누려야 할 권리가 정착되어 있지 않기 때문입니다. 다국적 기업은 이러한 사정도 십분 활용합니다. 자국에서는 노동법을 비롯한 법이나 여론을 의식해서 할 수 없었던 노동 착취를 개발도상국에서는 쉽게 해냅니다. 아동노동 착취도 마찬가지이지요.

세계경제는 확실히 불평등합니다. 국가 간의 빈부 격차는 같은 시대 같은 세상인데도 다른 시대 다른 세상을 만들어냅니다. 개발도상국의 어느 공장에서는 하루 종일 일하고도 겨우 월 30만 원을 버는 임금노동자가 있습니다. 빈민국의 어느 광산에서는 조막만 한 손으로 광물을 캐낸 대가로 일당 1,000원을 받는 아동 노동자가 있습니다. 경제성장을 이미 이루었거나 경제 부국이 된 나라의 사람들은 이러한 노동자들이 노동력을 착취당하며 만든 상품을 소비합니다. 돈에 눈이 없듯이 소비에도 눈이 없습니다.

소비자는 소나 돼지, 닭을 직접 죽여 손에 피를 묻히지 않습니다. 백화점이나 마트의 진열대에 곱게 포장된 고기를 구입하면 되니까요. 직접 죽이지도 않았고, 죽는 과정을 본 적도 없기에 고기는 그냥 고기일 뿐입니다. 모든 상품이 그렇습니다. 쾌적하고 깨끗한 진열대 위의 상품들은 상품일 뿐입니다. 돈이 있으면 구할 수 있고, 돈이 없으면 구할 수 없습니다. 단지 그뿐입니다. 하지만 진열대의 상품 중에는 세상 어디에선가 자행된 노동 착취가 고스란히 담겨 있는 것이 많습니다.

우리는 상품을 소비하는 한편, 저임금 노동자의 노동력을 착취합니다. 그런데 이러한 사실은 낯설거나 새롭지도 않습니다. 지구 곳곳에서 노동력 착취가 일어나고 있다는 소식은 뉴스를 통해 얼마든지 들을 수 있습니다. 특히 아동노동 착취에 대한 이야기는 조금만 관심을 기울여도 듣게 되어 있습니다. 남아메리카의 커피 농장이나 광산, 동남아시아의 의복 공장이나 전자 제품 생산 공장, 아프리카의 코코아 농장이나 광산 등에서 아이들은 노동에 합당한 임금조차 받지 못하고 일하고 있습니다. 2013년 국제노동기구는 1억 6,800만 명에 이르는 아동이 세계 곳곳에서 노동 착취와 노동 학대에 시달리고 있다는 보고서를 제출한 바 있습니다.

소비자인 우리가 착취를 일삼는 기업에 압력을 가할 수 있는 방법이 아예 없는 것은 아닙니다. 대표적인 방법으로 '불매운동'이 있습니다. 불매운동은 소비자가 특정 상품의 구매를 거부하거나 서비스를 이용하지 않음으로써 기업에 영향력을 행사하는 행동입니다. 만약 특정 기업이 세계 어디에선가 노동 착취를 일삼고 있다는 소식을 전해 들어도 소비자가 '나와 상관없는 일이야. 기업은 품질 좋고 값싼 상품만 팔면 돼'라고 생각한다면 아동 노동자는 물론이고 성인 노동자 역시 착취의 굴레에서 어떠한 희망도 찾을 수 없을 것입니다.

소비자의 권리, 불매운동

소비자의 권리는 단지 상품에 대한 선택권만 있는 것이 아닙니다. 자신이 소비하는 상품을 생산하는 기업의 윤리에 대해 판단하고 선택할 수 있는 권리도 있습니다. 그 권리를 행사하는 대표적인 행동이 불매운동입니다. 불매운동은 개개인의 소비자가 힘을 합쳐 특정 목적을 관철하기 위해 특정 상품의 구매와 소비를 거부하는 것입니다. 불매운동을 하는 이유는 다양합니다. 기업의 비윤리적 경영이 드러났거나, 특정 상품이 사람들의 건강을 위협해도 침묵하거나, 독과점으로 가격을 지나치게 올리거나 할 때 소비자들은 불매운동을 벌입니다. 오늘날에는 소비자운동 단체의 결성과 온라인의 발달로 더 다양하고 활발하게 이루어지고 있습니다.

공정무역과 합리적 소비

철수는 새로 이사 간 동네에서 발견한 가게 이름이 '아름다운가게'인 것을 보고는 저도 모르게 피식 웃었습니다.

'뭐가 얼마나 아름답기에 아름다운가게라는 거야?'

겉으로 보기에는 특별한 것이 없었습니다. 하지만 가게 이름이 흥미로워 일단 들어가보았지요. 가게 안에는 다양한 상품들이 진열되어 있었습니다. 책, 옷, 신발, 그릇, 가방, 과자, 커피 등등 물건이 여러 종류라 도무지 무슨 가게인지 종잡을 수 없었습니다. 서점이라고 할 수도 없고, 옷가게나 신발가게라고 할 수도 없었습니다. 다양한 상품들이 좁은 가게 안에 옹기종기 모여 있는 건 처음 보는 광경이었습니다. 그런데 더욱 놀라운 것은 가격이었습니다. 대부분의 상품들이 아주 저렴했습니다.

"왜 이렇게 싼 거예요?"

철수는 궁금한 나머지 카운터에 앉아 있는 사람에게 물었습니다.

"이곳에 있는 상품들은 전부 기부받은 것이야."

"기부요?"

"응. 멀쩡하지만 자기에게 필요 없는 물건을 사람들이 기부한 거란다. 우리는 기부받은 물건을 필요한 사람에게 싸게 파는 것이고. 그래서 생긴 수익은 소외 계층이나 공익 활동에 지원하지."

'아!'

철수는 세상에 이런 식의 거래가 있을 수도 있다는 것을 처음 알았습니다.

'그래서 아름다운가게구나.'

철수는 고개를 끄덕였습니다. 사실 생각해보면 옷이나 신발을 꼭 새것만 구입하라는 법은 없습니다. 누군가에게 필요하지 않은 멀쩡한 물건이 누군가에게 필요하다면 구입할 수도 있는 것이지요. 기부를 한 사람은 쓰레기를 만들지 않으니 환경보호에 참여할 수 있습니다. 또 아름다운가게에서 상품을 구입하는 사람은 소비에 드는 비용을 아낄 수도 있습니다. 게다가 물건을 구입하고 지불한 돈이 소외계층에게 도움을 줄 수 있다고 하니, 그야말로 '일석삼조'처럼 느껴졌지요. 그런데 문득 한 가지 의문이 들었습니다. 커피와 과자였습니다. 커피나 과자는 중고로 나올 수 없는 것들이니까요.

"커피와 과자도 기부받은 건가요?"

"아, 이건 공정무역 상품이야."

"공정무역이오?"

철수는 '공정무역'이라는 말도 세상에 태어나 처음 들었습니다.

"공정무역은 생산자가 손해를 보지 않도록 소비자와 거래하는 무역이지."

"생산자가 손해를 보지 않도록? 이상한 말이네요. 생산자가 왜 손해를 봐요? 상품을 팔면 돈을 버는데."

"생산자가 기업이라면 그렇겠지. 그런데 세상의 모든 생산자가 기

2002년 처음 문을 연 '아름다운가게'는 재활용품을 활용한 시민운동을
벌이고 있는 사회적 기업이다.

업은 아니야. 이 커피만 해도 그래. 이 커피는 네팔의 한 농가에서 생산한 거야. 유기농이라 품질도 좋고 맛도 좋아. 그런데 이렇게 좋은 커피를 싸게 구입해다 파는 기업이나 사업가들이 있지. 농가에서 열심히 커피를 재배해도 제값을 주지 않으니까 농민들이 손해를 보는 거야. 하지만 공정무역은 생산자들이 경제적으로 불이익을 보지 않도록 유리한 조건으로 거래하지."

"유리한 조건이오?"

"일단 상품의 질에 알맞은 가격을 지불하는 거야. 제대로 된 공정한 가격을 지불해야 농민들도 농사를 지을 힘이 나잖아."

"그럼 공정무역 상품은 여기 있는 다른 상품들처럼 저렴하지는 않겠네요?"

"그렇지. 소비자도 누군가가 피땀을 흘려 만든 상품을 구입할 땐

제값을 지불해야 하는 거니까. 만약 그런 생각을 하지 않는다면, 노동자를 착취해 이윤을 남기는 자본가와 뭐가 다르겠어? 그래서 소비자도 올바르고 합리적인 소비를 해야 하는 거지."

철수는 뒤통수를 얻어맞은 느낌이었습니다. 이전까지만 해도 소비자로서의 태도에 대한 생각 같은 건 해본 적이 없었거든요. 그래서 공정무역에 대해 더 많은 것을 알아보고 싶었습니다.

공정무역은 철수가 생각한 것보다 역사가 깊었습니다. 1946년 '텐사우전드빌리지'라는 미국 시민 단체가 푸에르토리코의 수공예품을 공정한 가격에 구매한 것이 시작이었습니다. 텐사우전드빌리지는 공정무역을 함으로써 가난한 여성들의 생활이 나아지기를 바랐습니다. 이후 세계 곳곳에서는 공정무역을 위한 조직이 결성되어 여러 활동을 펼치게 됩니다. 1997년에는 21개국이 참여한 '세계공정무역상표기구'가 발족하여 공정무역 제품의 표준과 규격 설정, 생산자 단체 지원과 검열 등의 활동을 펼쳤습니다. 2002년에는 공정무역 인증 제도를 시행하여 공정무역 제품을 인증하는 라벨을 제정하기도 했지요.

공정무역은 단순한 무역이 아니라 생산자와 소비자 간의 상호 존중을 기반으로 하는 사회운동의 하나입니다. 공정무역은 생산자에게 더 좋은 무역 조건을 제공합니다. 공정한 가격, 합리적인 노동조건 등 생산자들이 불이익을 받지 않도록 하는 것이 공정무역의 원칙입니다. 그리고 소비자는 공정무역을 통해 '착한 소비'를 할 수 있게 되었습니다.

물론 공정무역에도 단점이 없는 것은 아닙니다. 공정무역의 수공예품, 커피, 견과류, 설탕 등은 일반 상점에서 구하는 것보다 몇백 원 혹은 몇천 원 더 비싼 편입니다. 생산자의 노동과 땀이 들어간 상품에 공정한 가격을 지불하기 때문이지요. 어쨌든 서민들에게는 공정무역 상품의 가격은 적잖은 부담으로 작용합니다. 보통 서민들은 우유 한 팩을 구입할 때에도 여러 제품의 우유 가격을 비교합니다. 우유의 질보다 더 중요한 선택 요인은 단 몇백 원이라도 싼 가격입니다.

가계경제가 넉넉지 않은 소비자들에게 '착한 소비'를 하라며 공정무역을 강요할 수는 없습니다. 또 공정무역에 관심을 가지지 않거나 하지 않는다고 비난할 수도 없습니다. 비난의 화살은 노동 착취를 통해 더 많은 이윤을 남기는 기업과 그 기업의 행태를 뻔히 알면서도 눈감아주는 정부에게 돌려야 합니다. 진짜 잘못을 저지르는 자들은 저 위에 있는데 땅에 발을 딛고 사는 사람들이 서로의 잘잘못을 따지고 있는 것만큼 이상한 일은 없을 것입니다. 그럼에도 소비자로서 우리는 더욱 합리적인 소비를 할 수 있는 선택권을 가지고 있습니다. 합리적인 소비는 충동 소비나 과소비를 하지 않는 소비만을 뜻하지 않습니다. 우리가 무언가를 소비할 때 우리의 행동이 미치는 영향에 대해서도 생각하는 것까지 말합니다. 내가 일상적으로 구입하는 물건이 세계 어느 나라의 작은 마을에 사는 어린아이 혹은 가난한 노동자의 노동력을 착취하여 만든 상품이라는 게 밝혀졌다면, 적어도 그 상품에 대해 한 번쯤 더 생각해보는 것은 어떨까요?

◎시장과 소비에 대해 좀 더 자세히 알려주세요.

시장은 상품을 파는 모든 곳을 뜻합니다. 상품에는 직접 보고 만질 수 있는 유형의 것이 있고, 보이지도 않고 만질 수도 없는 무형의 것이 있습니다. 유형의 상품으로는 식료품, 옷, 신발, 전자 제품, 가구 등이 있습니다. 무형의 상품으로는 서비스, 온라인 거래 등이 있습니다. 우리는 유형의 상품뿐만 아니라 무형의 상품을 소비하기도 합니다. 이를테면 미용실에서 머리를 자르는 서비스를 받고 그에 대한 대가로 돈을 지불하지요. 또 금융 상품으로는 연금, 보험, 주식 등을 들 수 있습니다. 미래를 대비해 연금이나 보험에 가입하거나 온라인 거래를 통해 주식을 구입하기도 합니다. 그런데 금융 상품은 재래시장, 대형 마트, 백화점과 같은 구체적인 공간에서 시장을 형성하지는 않습니다. 금융 상품을 파는 시장은 형체가 없습니다. 그렇기 때문에 어렵고 복잡하게 느껴지기도 합니다. 하지만 상품을 사고파는 시장이라는 점에서는 전혀 다를 바가 없습니다.

소비는 늘 우리 가까이 있기에 시시콜콜 설명할 필요가 없을지도 모릅니다. 세상에 태어난 순간부터 우리는 세상의 물건을 소비하기 시작합니다. 기저귀, 분유 등의 제품은 부모님이 구입하지만 아기가 소비합니다. 아기가 성장하여 네다섯 살만 되면 직접 돈을 주고 이런저런 물건들을 소비하기 시작합니다. 인간이 가지고 있는 모든 상품, 살고 있는 집, 그리고 그 집을 채운 가구와 전자 제품 등은 소비하지 않고서는 가질 수 없는 것들입니다. 우리는 정말 소비에서 만큼은 타고난 경험자라고 할 수 있습니다.

◎ 기업의 마케팅 전략에는 어떤 것이 있나요?

우리는 종종 19,900원이나 199,900원처럼 뒷자리가 900원으로 끝나는 가격표를 봅니다. 딱 떨어지는 20,000원이나 200,000원이 아니라 19,900원, 199,900원처럼 가격을 매긴 이유는 무엇일까요? 이는 '앵커링 효과' 때문입니다. 앵커링 효과는 처음에 인상적이었던 사물이나 특정한 숫자 등이 기준점이 되어 이후의 판단에 영향을 미치는 현상을 말합니다. 이를테면 19,900원의 앞자리는 1이고, 20,000원의 앞자리는 2이지요. 1과 2의 차이일 뿐이지만 1만 원대와 2만 원대가 주는 심리적 거리감은 큽니다. 따지고 보면 100원밖에 차이가 나지 않는데도 말이지요.

사람의 미묘한 심리를 이용한 마케팅 중에는 '1 플러스 1 행사'가 있습니다. 한 개 값으로 두 개를 구입할 수 있으니 대부분의 소비자는 싸게 구입했다는 만족감을 얻습니다. 그런데 유효기간이 있는 식품의 경우에는 다 쓰지 못하고 버리는 경우가 종종 있습니다. 두 개의 상품을 가졌지만 결국 한 개의 상품만 이용하게 되는 셈이지요. 그럼에도 소비자들은 당장 필요하지 않은 상품이라도 덤으로 하나를 더 얻을 수 있다는 생각 때문에 충동구매를 하게 됩니다. 기업이 1 플러스 1 행사를 하는 이유는 재고 정리나 재고로 인한 창고 비용 절감 등의 효과를 얻기 위해서입니다.

◎ 미국은 왜 총기를 규제하지 않나요?

마이클 무어 감독의 「볼링 포 콜럼바인」은 한 고등학교에서 일어난 총기 난사 사건을 다룬 다큐멘터리 영화입니다. 1999년 미국의 콜럼바인 고등학교에서 두 소년이 무려 900여 발을 발사하여 학생 12명과 교사 1명을 죽였습니다. 이 사건은 미국 전역을 떠들썩하게 만들었습니다. 사실 총기 난사 사건은 그 이전에도 계속 있어왔던 일입니다. 사건 장소가 고등학교였기에 더 놀라웠던 것이지요. 이후로도 미국에서는 셀 수도 없이 많은 총기 사건이 일어납니다. 겨우 다섯 살인 형이 두 살짜리 동생을 총으로 쏘아 죽인 사건도 있었습니다. 형이 가지고 있던 총은 아버지가 생일 선물로 준 것이었습니다. 2017년에는 라스베이거스에서 한 남자가 건물 옥상에서 자동 총기를 발사하여 58명이 죽고 515명의 부상자가 발생하는 사건이 있었습니다.

미국에서는 총을 쉽게 구입하거나 휴대할 수 있습니다. 한국처럼 총기를 가지고 다니는 것이 불법은 아닙니다. 심지어 아이들도 총을 소유할 수 있습니다. 그러다 보니 총기 사건이 일상적으로 일어나곤 합니다. 이제는 총기 사건 자체가 놀라운 것이 아니라 얼마나 많은 사람이 죽었는지가 놀라움의 대상이 됩니다.

역사적으로 미국은 인디언 선주민이 살고 있는 땅을 빼앗고 유럽인들이 세운 나라입니다. 유럽에서 아메리카 대륙으로 건너온 사람들은 선주민을 적으로 간주하고 오랜 시간에 걸쳐 그들을 전멸시키다시피 했습니다. 이때 그들이 사용한 무기는 총이었습니다. 카우보이들이 인디언들에게 총을 쏘아대는 장면은 미국 서부 영화에서 자주 등장합니다. 물론 이러한 영화에서 주인공은 언제나 개척자라는 이름을 뒤집어쓴 유럽인들이지요. 유럽인들은 총이 있었기 때문에 미국을 건국할 수 있었다고 생각합니다. 그것은 일면 사실이기도 합니다. 그래서 미국인들에게 총은 단지 무기가 아니라 자신들의 나라를 건국하고, 자신들의 신체를 보호한 일종의 신앙과도 같은 것이지요. 하지만 국가의 모습을 어느 정도 갖춘 시점에서는 규제의 대상이 되어야 했습니다. 그런데 미국 정부는 총기를 규제하지 않았지요. 건국 이후 200년 넘게 지난 오늘날까지 총기는 여전히 미국 사람들의 생활 속에서 흔하게 볼 수 있는 하나의 도구가 되었습니다.

그렇다고 미국 정부가 총기 규제를 법제화하려는 노력을 하지 않았던 것은 아닙니다. 오바마 전 대통령은 '총기 규제 종합 대책'을 발표하고 총기규제안이 담긴 행정명령에 서명도 했습니다. 하지만 실행되지 못했습니다. 총기 사건이 발생할 때마다 많은 사람들이 총기 규제를 소리 높여 부르짖어도 마찬가지였습니다. 도대체 이유가 무엇일까요?

미국에는 총기와 관련된 아주 강력한 이익집단이 있습니다. 바로 '미국총기협회'입니다. 총을 팔아 이윤을 남기는 이 협회는 더 많은 이윤을 남기기 위해 어른뿐만 아니라 아이에게도 총을 팝니다. 그런데 총기 규제가 법제화되면 이들은 더는 총을 팔 수 없게 되겠지요. 그래서 이들은 정치인들을 포섭하고, 백인 보수주의자들이나 공화당과 결탁합니다. 정치인들에게 어마어마하게 많은 돈을 주고 총기 규제를 법제화하지 못하도록 막기도 하고, 국민들에게는 광고 등을 통해 '당신이 스스로를 지키기 위해선 꼭 총이 필요하다'는 메시지를 전

달하기도 합니다.

이들에게는 앞으로 더 많은 사람이 희생되는 한이 있더라도 총기 규제는 있을 수 없는 일입니다. 미국의 총기 규제가 현실화되기 위해서는 미국총기협회와 정치인의 결탁의 끈을 끊는 수밖에 없습니다. 하지만 아직까지도 그럴 가능성은 없어 보입니다.

일하지 않았는데 어떻게 돈을 벌어?

일하지 않아도 부자가 되는 사람들

철수는 아버지의 친구인 박씨 아저씨를 보면 늘 궁금했습니다. 박씨 아저씨는 단 한 번도 직장을 다녀본 적이 없다고 합니다. 그런데도 아버지보다 부자였습니다. 박씨 아저씨는 자신이 얼마나 돈이 많은지, 그리고 그 돈을 얼마나 마음껏 쓰고 다니는지 틈만 나면 자랑하곤 했습니다. 그 때문인지 아버지는 박씨 아저씨를 만나고 온 날이면 우울해했습니다.

"세상 참 불공평해. 열심히 일해봤자 제자리걸음인데, 누구는 부모 잘 만나 가만있어도 잘살고."

아버지가 가끔 어머니에게 하는 말을 들으면 철수도 마음이 좋지 않았습니다. 하지만 철수의 마음을 더 아프게 하는 말은 따로 있었습니다.

"철수야, 미안하다. 아버지가 능력이 없어서……."

철수의 아버지는 부자가 아닙니다. 박씨 아저씨가 단 한 번도 일을 해본 적이 없었던 것처럼 철수의 아버지는 단 한 번도 부자였던 적이 없습니다. 그래서 철수는 늘 궁금했습니다. 열심히 일하는 아버지는 늘 가난한데 일이라곤 해본 적이 없는 박씨 아저씨는 어떻게 부자일 수 있을까? 그리고 가족을 먹여살리느라 매일 고되게 일하는 아버지는 왜 자꾸 미안하다고 하는 것일까?

그러던 어느 날 철수는 모든 궁금증을 풀 수 있었습니다. 부잣집 첫째 아들이던 박씨 아저씨는 아버지가 죽은 후 강남에 있는 15층 빌딩과 100억 가까운 돈을 상속받았다고 합니다. 박씨 아저씨의 아버지 역시 아버지에게서 땅과 건물, 돈을 상속받아 평생을 부자로 살았다고 합니다. 박씨 아저씨나 그의 아버지는 상속받은 유산으로 평생 일하지 않아도 되는 특권을 얻었습니다. 하지만 철수 아버지는 아버지에게서 단 한 푼의 재산도 물려받지 못했습니다.

철수 아버지와 박씨 아저씨는 출발선부터 달랐습니다. 철수 아버지는 무일푼인 상태에서 경제활동에 뛰어들었습니다. 반면에 박씨 아저씨는 처음부터 아주 많은 재산을 가질 수 있었기에 굳이 경제활동을 할 필요가 없었습니다. 두 사람의 출발선이 다르기 때문에 그 과정이나 결과도 다를 수밖에 없었던 것이지요. 이처럼 상속재산은 부의 불평등을 심화시키는 요인 중 하나입니다. 이는 단지 한국 사회에만 국한된 일이 아닙니다. 대부분의 사회에서 축적된 부를 다음 세대에게 주고, 그 세대가 또 다음 세대에게 물려주는 일이 빈번하게 일어나고 있습니다. 또 상속재산은 단지 자본주의사회에서만 일어나는 일이 아닙니다. 봉건제 사회에서도 상속재산은 부의 한 축을 이루어왔습니다. 전체 인구의 1.9%만이 양반계급이었던 조선시대에는 대부분의 부를 이들이 차지했습니다. 19세기 프랑스에서는 총자산의 80~90%가 상속재산이라는 통계도 있습니다.

상속재산을 가진 이들은 그 자산을 바탕으로 더 많은 부를 축적하여 자식에게 상속하는 일을 반복해왔습니다. 지구가 멸망하지 않는 한, 이러한 일은 끊임없이 반복될 것만 같았습니다. 그런데 인류 역사상 가장 획기적인 사건이었던 '산업혁명'이 일어나자 이러한 질서에 균열이 생겼습니다.

산업혁명 이후 신분제가 무너지면서 봉건제 사회에서의 지주와 농노의 관계는 새로운 관계로 재편됩니다. 자본가와 노동자의 등장으로 상속재산은 큰 의미를 지니지 못했습니다. 자본가는 자신의 자본을 투자하여 이윤을 내고, 노동자는 자신의 노동력으로 돈을 벌기 시작했으니까요. 게다가 노동자는 봉건제 사회의 농노나 노예처럼 아무리 열심히 일해도 현실을 변화시킬 수 없는 계층이 아니었습니다. 그리고 자본주의는 사람들에게 새로운 청사진을 내놓았습니다. 그에 따르면 자본주의사회에서는 개인의 능력에 따라 얼마든지 많은 돈을 벌 수 있으며, 얼마든지 신분 상승이 가능하다는 것입니다. 여기서 개인의 능력은 학벌과 작업 능력 등을 일컫습니다. 노동자라고 해도 다 같은 노동자가 아니었습니다. 학벌도 좋은 데다가 임금이 높은 직장에서 일하는 노동자는 적어도 중산층 이상, 운 좋게는 상류층으로의 진입도 가능하게 되었습니다.

1960년대 초에서 1980년대까지의 한국 역시 개인의 능력에 따라 신분 상승이 가능한 시대였습니다. 한국전쟁으로 모든 것이 파괴된 사회에서 사람들은 처음부터 다시 시작해야 했습니다. 노력과 능력에 따라 더 많은 돈을 벌 수 있었고, 교육받은 자녀들은 부모 세대보다 더 나은 삶을 살 수 있다는 희망을 가지게 되었습니다. 마치 산업혁명 초기의 유럽처럼 모든 사람이 동일한 출발선에 선 것처럼 보였습니다. 이제는 너 나 할 것 없이 조건이 똑같다고 생각한 부모들은 자신들의 삶을 희생하고서라도 자녀 교육에 온 힘을 쏟았습니다. 고등교육은 보통 사람이 더 나은 삶으로 올라갈 수 있는 사다리였습니다. 실제로 이 시기에는 부모의 경제적 능력과 상관없이 좋은 대학을 졸업한 후 좋은 직장에 들어가거나 자기 사업을 벌여 성공한 사람들이 많았습니다. 이를 계기로 우리 사회에서는 평등 교육이 실현되고 있으며 교육을 통해 불평등한 삶이 해소될 수 있다는 믿음이 생겼습니다. 이러한 믿음은 지금까지도 이어집니다.

그런데 정말 그럴까요? 우리는 지금 노력한 만큼의 대가가 주어지는 사회에서 살고 있는 것일까요? 자본주의사회는 신분제 사회와는 다른 청사진을 제시하고 있는 것일까요? 정말 그렇다면, 경제적으로 힘든 사람들은 노력하지 않았다는 것이 되겠지요. 직업을 가지지 못한 사람이나 임금이 높지 못한 사람들 역시 노력이 부족했기 때문이겠지요. 그런데 이러한 논리에는 결정적인 함정이 있습니다. 애당초 우리 사회는 평등하지 않다는 것입니다. 노력한 만큼 얻을 수 있는 사회라면 대부분의 사람들은 먹고사는 걱정 없이 잘살아야 합니다. 하지만 현실은 그렇지 않습니다. 아주 예외적인 경우가 아닌 한, 대부분의 사람들은 자신의 삶을 일궈내기 위해 노력하고 있습니다. 그런데도 부는 소수에게 집중되어 있으며, 대다수의 사람들은 당장 내일의 생활을 걱정하며 살아가고 있습니다.

자본과 교육의 불평등

철수는 대학에 갈 생각이 없었습니다. 초등학생 때부터 온통 자전거에만 관심이 있었습니다. 자전거의 역사부터 제작 방법까지 혼자 힘으로 공부한 철수는 고등학교만 졸업하면 자전거와 관련된 직업을 가지기로 마음먹었습니다. 사실은 1년에 1,000만 원이나 드는 대학 학비를 감당할 만큼 집안 형편이 넉넉하지 못한 이유도 있기는 했습니다. 그런데 부모님의 생각은 달랐습니다. 꼭 4년제 대학에 들어가야 한다는 것이었습니다.

"전문대 갈 성적도 안 된다는 것 알잖아요."

가끔 철수는 부모님이 현실을 직시하지 못한다는 생각이 들었습니다. 한 번도 좋은 성적을 낸 적이 없는 데다가 공부와는 거리가 먼 자신이 정말 4년제 대학에 합격할 수 있을 거라고 생각하는 부모님이 이상하기까지 했습니다.

"그러니까 지금부터 열심히 해야지. 대학 졸업장 없으면 네가 선택할 수 있는 일이 많지 않아. 대기업은 꿈도 못 꾸고, 중소기업도 생산직에서나 일해야 해. 월급은 또 얼마나 적은지 알아? 그런데도 대학 갈 생각이 없어?"

철수는 부모님의 말을 이해할 수 없었습니다.

'꼭 대기업에 취직해야 하나? 생산직이면 또 어때서? 공부는 못하지만 자전거는 잘 만들 자신이 있어. 내가 원하는 거 하며 살 수 있어. 자전거 만드는 일이야 대학 졸업장 없어도 되잖아.'

제 딴으로는 신념이 서기는 했지만 돈을 못 번다는 말은 좀 걸렸습니다.

'정말 사실일까? 대학에 가게 하려고 겁주는 거 아닌가?'

철수는 제 나름대로 이것저것 알아보다가 부모님의 말이 단지 겁을 주려는 것이 아니라 현실이라는 것을 알게 되었습니다. 대기업의 평균 연봉이 중소기업보다 2배 가까이 높았습니다. 2016년 대기업 노동자의 평균 연봉은 6,521만 원이었지만 중소기업의 노동자는 3,493만 원에 불과했습니다. 대기업에 들어가려면 4년제 대학 이상은 졸업해야 합니다. 그렇다고 누구나 대기업에 취직할 수 있는 것도 아닙니다. 적어도 최상위권 대학을 나와야 하고 외국어도 능통해야 합니다. 물론 이 중에서도 소수만이 대기업에 취직할 수 있습니다.

철수는 대졸과 고졸의 임금 격차가 크다는 것도 알게 되었습니다. 고용노동부의 2016년 임금 실태에 따르면, 고졸 노동자의 임금을 100% 기준으로 놓았을 때, 대졸 이상의 노동자는 162.7%, 중졸 이하의 노동자는 77.6%의 임금을 받는 것으로 나타났습니다. 즉, 대졸 노동자는 고졸 노동자보다 임금의 60% 이상, 중졸 노동자보다 100% 이상 더 많이 받았던 셈이지요.

오래전부터 한국은 세계 어느 나라보다 교육열이 높기로 유명했습니다. 학벌이 높을수록 잘산다고 믿었기 때문입니다. 실제로 학력의 차이는 임금의 차이로 이어졌고, 학벌이 높을수록 취업 선택권이 많았습니다. 물론 이력서를 낸다고 다 합격하는 것은 아니지만, 대졸이 아닌 경우에는 이력서를 낼 기회조차 없습니다. 그래서 한국 사회의 부모라면 누구나 자식이 대학 졸업장 정도는 딸 수 있기를 원합니다. 이왕이면 상위권 이상의 대학에 진학하기를 간절히 바라지요.

이처럼 우리 사회는 이미 '학벌 위주의 사회'로 견고하게 자리매김했을 뿐만 아니라, 초·중·고 교과과정은 아예 수능을 준비하는 도구가 되어버렸습니다. 이러한 현실은 우리 사회가 풀어야 할 과제입니다. 학벌에 따라 임금이 양극화되고 삶의 질이 결정되는 현실의 끝에는 지나친 교육열과 지옥 같은 경쟁만이 있을 뿐입니다. 그런데 정말 열심히 공부하면 부모보다 나은 삶을 살 수 있는 것일까요?

1990년대 중반까지는 교육의 혜택을 받은 자식 세대가 부모 세대

중학교 입시 장면(1961년). 중학교 입시 제도는 1968년에 폐지되었고, 1974년부터는 고교평준화정책이 시행되었다.

보다 더 나은 삶을 살 수 있었습니다. 하지만 2000년대로 들어서면서 이러한 흐름도 깨져버렸습니다. 오늘날 최상위권 대학 합격자는 대부분 서울 강남권에 살며 사교육을 받아온 학생들입니다. 수시 논술은 사실 학교 교육만으로는 감당할 수 없을 만큼 어렵습니다. 아주 특별한 재능이 있지 않은 이상, 수시 논술로 대학을 가려면 비싼 논술 과외를 받아야 합니다. 즉, 부모의 경제적 능력이 자녀의 대학 수준을 결정하게 된 셈이지요.

그럼에도 우리 사회는 여전히 공부가 더 나은 삶을 살 수 있는 길이라고 말합니다. 부모의 부가 교육의 수준을 결정하고, 교육의 평등화가 제도적으로 이루어지지 못했으며, 어차피 최상위권 대학에 들어가는 학생은 소수에 불과한데도 말이지요. 신분 사회에서는 절대 불가능한 일이 그나마 자본주의사회이니까 가능하다고 말합니다.

프랑스의 경제학자 토마 피케티는 『21세기 자본』에서 자본주의를 '세습 자본주의'로 규정합니다. 자본주의는 이미 불평등을 내재하는데, '세습 재산'은 이러한 불평등을 더 견고히 하기 때문이라는 것이지요. '세습 자본'은 단지 자본을 물려받는 것에 그치지 않습니다. 자본으로 할 수 있는 모든 일이 포함됩니다. 그중의 하나가 교육입니다.

트럭에서 사는 사람들과 하우스 푸어

다국적 기업 구글의 신입 사원인 브랜든은 2015년 실리콘 밸리의 화제 인물로 떠올랐습니다. 그가 사람들의 입에 오르내린 것은 능력이 특출했거나 업적이 뛰어나서가 아니었습니다. 엉뚱하게도 그가 살고 있는 집 때문이었지요. 그는 개조한 트럭에서 살고 있었습니다. 샤워는 회사 헬스장에서 하고, 식사는 구내식당을 이용했지요. 물론 집에서 생활하는 것보다 부족하거나 불편한 점이 많았습니다. 그런데도 그는 집이 아닌 트럭을 주거 공간으로 선택했습니다. 그 이유는 턱없이 비싼 집세 때문이었지요.

구글이 위치한 마운티 뷰 지역의 단칸방 월세는 우리 돈으로 약 250만 원이었습니다. 회사에서 좀 먼 지역의 집세 역시 만만치 않았습니다. 결국 브랜든은 집을 포기하고 이런저런 불편이 있더라도 트럭을 개조해 살기로 합니다. 덕분에 그는 대부분의 월급을 저축할 수 있었습니다. 만약 브랜든이 다른 사람들처럼 비싼 월셋집에서 살기로 마음먹었다면 그는 월급의 상당 부분을 주거 비용으로 지불해야 했을 것입니다. 실제로 대부분의 사람들은 그렇게 살고 있지요.

트럭에서 사는 사람의 이야기는 브랜든이 처음은 아닙니다. 2008년 미국의 금융 위기가 닥쳤을 때 많은 사람들이 자기 집에서 쫓겨나야 했습니다. 이들은 갈 곳이 없어 자가용이나 트럭에서 살았습니다. 브랜든이 이들과 다른 점이 있다면 자신의 의지에 따라 주거 공간을 선택했다는 정도일 것입니다. 또 금융 위기 당시 살던 집에서 쫓겨나지는 않았어도 생활이 곤궁해진 사람들도 많이 생겼습니다. 이들처럼 집이 있기는 하지만 빈곤하게 사는 사람을 '하우스 푸어'라고 합니다.

자기 집에서 쫓겨난 사람들이나 하우스 푸어는 경기가 좋을 때 대출을 받아 주택을 구입한 경우가 많았습니다. 주택 가격이 5억인데 가진 돈이 1억뿐이면 은행에서 4억을 빌려 구입하는 식이지요. 즉, 주택을 구입할 때 자기 돈은 전체 가격의 5분의 1에 불과합니다. 나머지 5분의 4에 달하는 돈은 은행에서 빌린 것이니 당연히 이자를 내야겠지요. 10년 상환으로 연 2%의 이자를 지불하기로 했다면 4억에 대한 이자는 월 66만 6,000원가량 됩니다. 은행에서 대출받은 사람은 처음 돈을 빌릴 때만 해도 매달 66만 6,000원가량의 이자를 낼 계획을 세웠습니다. 그런데 금융 위기로 경기가 침체되자 5억을 주고 구입한 집이 4억으로 떨어지고 맙니다. 1억이나 손해를 본 셈이지요. 그런데도 이자는 매달 꼬박꼬박 내야 합니다. 문제는 여기서 그치지 않습니다. 미국 정부는 경기 침체를 극복하기 위한 방안 중의 하나로 금리를 대폭 올렸습니다. 그 때문에 이자율도 올라 4%가 되어버렸습니다. 매달 66만 6,000원이던 이자를 2배에 해당하는 133만 2,000원을 내게 된 것입니다. 이자를 제때에 내지 못하면 집은 자연스럽게 은행으로 넘어가 경매에 부쳐져 팔리게 됩니다. 이렇게 이자를 내지 못한 사람은 거리로 쫓겨나고, 그나마 이자를 낼 수 있는 사람은 '하우스 푸어' 곧 '집만 가지고 있는 빈민층'이 되어버리는 것이지요. 그런데 이 사람들은 무슨 속셈으로 그렇게 많은 돈을 빌릴 생각을 했던 것일까요?

금융 위기가 일어나기 전만 해도 미국 정부는 사람들이 더 많은 소비를 하도록 유도했습니다. 원래 금융기관의 대출은 신용 등급에 따라 이루어집니다. 그런데 미국 정부와 금융기관들은 신용 등급이 낮거나 일정한 수입이 없는 사람도 손쉽게 대출을 받을 수 있도록 했습니다. 다만 신용 등급이 낮은 사람이 돈을 갚지 못할 경우를 대비해 '주택'을 담보로 주택자금을 빌려주었지요. 사람들은 대출이 쉬워지고 금리가 낮아지자 금융기관에서 대출을 받아 부동산을 구입하기 시작했습니다. 주거 목적 외에 투자로서도 높은 가치가 있다고 판단했던 것이지요.

한국 역시 미국처럼 가진 돈이 부족해도 집을 살 수 있습니다. 사실 적정 수준의 대출을 받아 집을 구입하는 것은 아무 문제도 되지 않습니다. 하지만 주택을 담보로 원금의 80%까지 대출을 받는 것은 위험한 일입니다. 한국에서는 많은 사람들이 소득의 대부분을 주택 대출금을 갚는 데 쓰고 있습니다. 정부에서는 부동산 시장이 과열되는 것을 막기 위해 온갖 정책을 내놓고 있지만 부동산 가격은 나날이 올라가고 공급과 수요는 여전히 맞지 않습니다. 부동산은 주거 공간이라는 본래의 목적보다는 시세 변동을 이용하여 큰 이익을 얻기 위한 목적의 투기 상품이 되고 말았습니다.

금융과 금융자본주의

금융은 화폐와 통화가 융통되어 순환되는 것을 말합니다. 화폐는 말 그대로 돈입니다. 지폐, 동전 등을 일컫는 것이지요. 통화는 현금통화와 예금통화로 구분됩니다. 현금통화는 곧 화폐라고 할 수도 있습니다. 그래서 화폐와 통화는 구분 없이 같은 의미로 쓰이기도 합니다. 예금통화는 은행 예금 형태의 통화를 말합니다. 이를테면 철수가 은행에서 1,000만 원을 대출받을 때 그 돈을 직접 받지 않습니다. 은행에서 철수의 통장에 그 돈을 넣어주면 철수의 통장에 1,000만이라는 숫자가 찍힙니다. 직접 돈을 주고받은 건 아니지만 분명히 돈이 오간 것을 알 수 있습니다. 지출, 소비, 예금, 대출 등 돈이 들어오고 나가는 모든 분야에서 금융이 이루어집니다. 그러니까 우리는 끊임없이 금융 생활을 하는 셈이지요.

금융을 간단하게 '돈의 순환'으로 정리하면, 금융은 꼭 자본주의의 산물이라고 할 수 없습니다. 그런데 우리는 오늘날의 경제체제를 '금융자본주의'로 규정합니다. 옛날이나 지금이나 금융은 있어왔던 것인데 도대체 어떤 점이 다르기에 '금융자본주의'라고 하는 것일까요?

가장 큰 차이는 '금융의 상품화'입니다. 자본주의 이전이나 초기 사회에서 금융은 단지 교환가치만을 지녔습니다. 화폐와 상품을 서로 교환하는 것이지요. 신용카드 역시 교환가치라는 측면에서는 화폐와 다르지 않습니다. 화폐 대신 신용카드로 상품을 구입할 수 있으니까요. 그런데 좀 더 주의 깊게 생각하면 화폐와 신용카드는 확연한 차이가 있다는 것을 알 수 있습니다. 화폐는 그냥 주고받는 것으로 끝나지만 신용카드는 결제할 때마다 수수료가 붙습니다. 이를테면 철수가 편의점에서 1만 원어치 물건을 신용카드로 구입했다면, 편의점 사장은 카드 회사에 1만 원의 2%인 200원을 지불합니다. 돈과 상품을 거래하는 당사자는 철수와 편의점 사장이지만 제삼자인 카드 회사에서도 일정한 금액의 돈을 받는 것이지요.

이처럼 신용카드 회사는 거래가 이루어질 때마다 돈을 벌게 됩니다. 이런 식으로 돈을 버는 대표적인 업체가 은행입니다. 은행은 개인이나 기업에게 돈을 빌려주고 그 대가로 받은 이자로 부를 축적합니다. 그런데 은행에서 빌려주는 돈은 사람들이 저축한 돈입니다. 은행은 대출이자보다 훨씬 낮은 예금이자를 돌려줌으로써 이자 장사를 하는 것이지요. 이를테면 저축한 사람에게는 1%의 이자를 주고, 대출받는 사람에게는 5~10%의 이자를 받는 식입니다. 즉, 돈 자체가 하나의 상품이 된 것이지요. 돈을 상품으로 취급하는 회사는 이외에도 보험회사, 증권사 등이 있습니다. 이러한 회사를 통틀어 '금융 기업'이라고 합니다.

금융 기업은 돈으로 돈을 법니다. 저축이나 보험, 소비에서 발생하는 이자나 수수료는 물론이고 주식 투자, 채권 투자 등 다양한 투자를 통해 돈을 법니다. 이를 마르크스는 '이자 낳는 자본'이라 일컬었습니다.

'이자 낳는 자본'은 생산과 판매를 위해 공장을 짓거나 노동자를 고용할 필요가 없습니다. 또 금융시장은 마트나 백화점처럼 특정한 장소가 없어도 거래가 가능합니다. 이 같은 특성 때문에 금융은 실물경제와는 다른 '금융경제'라는 새로운 분야를 형성합니다. 실물경제는 실제 사회의 움직임에서 파악되는 경제를 일컫는 말입니다. 오늘날의 경제는 바로 이 실물경제와 금융경제를 포함합니다. 현대 경제는 생산과 소비를 통해 순환되는 금융, 금융사에서 계좌로 입금되거나 계좌에서 금융사로 입금되는 금융, 투자·대출·융자 등의 금융이 서로 얽히고설켜 복잡한 구조를 만들어내고 있습니다. 예전에는 통장에 있는 돈과 부동산을 합산하는 정도로만 계산했다면, 지금은 주식·채권·보험 등의 금융 상품과 대출 상품을 더하고 빼는 계산을 필요로 하게 되었습니다.

금융은 이처럼 우리 생활 곳곳에서 쉽게 찾아볼 수 있습니다. 생산, 소비, 저축, 투자, 보험 등 돈과 관련된 것이라면 무엇이든 금융이 되기 때문입니다. 그래서 오늘날의 자본주의를 '금융자본주의'라고 하는 것입니다. 그런데 금융자본주의는 생산과 소비가 중심이 되었던 초창기 자본주의에 비해 훨씬 더 큰 빈부 격차를 만들어냅니다. 금융은 도대체 어떤 시스템으로 움직이고 있기에 이러한 결과를 낳는 것일까요?

주식, 돈이 돈을 부르다

'주식이 복권인가?'

아버지 친구분이 주식으로 2억 가까운 돈을 벌었다는 말에 철수는 순간 이런 생각이 들었습니다.

'주식으로 2억을 벌었단 말이지?'

1963년 5월 8일 서울 명동에서 열린 한국증권거래소 개소식. 증권거래소는 1956년 2월 출범한 대한증권거래소가 시초다.

책상 앞에 앉았지만 공부가 되지 않았습니다.

'주식을 하면 쉽게 돈을 벌 수 있는 건가? 그렇다면 공부보다 주식이 백번 낫지.'

이런저런 생각이 머릿속을 맴돌았습니다. 철수는 궁금해서 주식이 뭔지 알아보았습니다.

주식은 '주식회사에서 발행하여 파는 증서'입니다. 주식회사가 되려면 법에서 규정한 자격과 조건을 갖추어야 합니다. 주식회사가 된 후에는 회사의 주식을 주식시장에 내놓을 수 있습니다. 주식회사가 주식을 파는 이유는 자금을 융통하기 위해서입니다. 주식을 상품으로 팔아 돈을 얻는 것이지요. 그 돈은 회사를 세우거나 경영하는 데 쓰입니다. 그런데 사람들은 왜 주식을 사는 것일까요? 다른 상품처럼 먹을 수도, 입을 수도, 가지고 놀 수도 없는데 말이지요. 주식을 사는 목적은 돈입니다. 좀 더 세련되게 표현하자면, 주식에 투자하여 금전적 이익을 얻으려 하는 것이지요. 그런데 어떻게 돈을 벌 수 있다는 것일까요?

철수가 A사의 주식을 100주 구입했다고 가정해봅시다. A사의 주식은 한 주당 10만 원입니다. 100주를 구입했으니 A사에 1,000만 원을 투자한 것이지요. 이렇게 주식을 구입하면 철수는 A사의 주주가 됩니다. 주주는 자기가 투자한 회사에 대해 의결권을 행사할 수 있습니다. 그런데 의결권은 주식 수에 비례합니다. 철수가 구입한 주식 100주는 A사 전체 주식의 1,000분의 1도 되지 않습니다. 당연히 A사의 주주이기는 하지만 별 권한이 없는 축입니다. 하지만 A사가 수익을 올리면 주식 수만큼의 배당금을 받습니다. 또 A사가 성장하여 주식 가격이 10만 원에서 20만 원으로 오르면 10만 원을 주고 산 주식을 20만 원에 팔 수 있습니다. 그러면 1,000만 원을 주고 구입한 주식이 2,000만 원이 되는 것이지요. A사 주식이 단 6개월 만에 올랐다면 철수는 6개월 동안 일을 하지 않고서도 1,000만 원을 번 셈입니다. 만약 철수가 1억 원을 투자했다면 1억 원을 더 벌었겠지요. 가만히 앉아서 돈을 번 것입니다. 이런 식이니 많은 사람들이 주식에 관심을 기울입니다. 힘들게 일하지 않고서도 큰돈을 벌 수 있는 방법이라고 여기는 것이지요.

그런데 실상은 그렇지 않습니다. 주식 투자로 돈을 버는 사람보다 잃는 사람이 훨씬 많습니다. 주식에 투자하여 수익을 남기려면 정보력과 돈이 있어야 합니다. 투자할 회사가 성장 가능성이 있는지 없는지에 대한 정보가 가장 중요합니다. B사가 개발 중인 상품을 정부에서 관심을 가지고 정책적으로 지원한다는 정보가 있다고 가정해봅시다. 이 정보를 가장 먼저 접하는 사람은 누구일까요? 당연히 정책과 관련된 정부 관료들이거나 관료들과 친분이 있는 사람들, 또는 정보력을 갖춘 기업 같은 조직이겠지요. 이들은 B사의 주식을 재빨리 구입합니다. 물론 이러한 정보는 나중에 입소문이나 뉴스를 통해 흘러나갑니다. 그때쯤이면 이미 주식 값은 오를 대로 오른 상태입니다. 이때 초기에 주식을 구입한 사람들이 자신의 주식을 시장에 내놓습니다. 그제야 주식을 구입하는 사람들은 비싼 주식을 구입하게 되겠지요. 그런데 변수가 생겼습니다. B사가 상품 개발에 실패하여 주식 값이 반 토막 나버린 것이지요. 그러면 뒤늦게 주식을 구입한 사람들은 손해를 보게 됩니다. 1,000만 원을 투자한 사람은 500만 원을 잃게 되고, 1억 원을 투자한 사람은 5,000만 원을 잃게 되겠지요. 또 여윳돈 없이 주식에 투자하는 것은 굉장히 큰 위험이 있습니다. 구입한 주식이 언제 오를지도 알 수 없는 데다가 하락세를 보이면 무조건 손해를 보게 되어 있으니까요. 자금이 달린 사람들은 다시 주식 값이 오르기를 마냥 기다릴 수 없습니다. 더 손해를 보기 전에 주식을 시장에 내놓게 되지요.

이처럼 발 빠른 정보력도 없고 자금도 충분하지 않은 사람들을 보통 '개미 투자자'라고 합니다. 개미 투자자는 개인 투자자를 지칭하는 말입니다. 이들은 대부분 돈을 벌기보다 잃는 경우가 많습니다. 돈을 잃은 사람은 본전 생각이 나 주식 투자에 더 몰두하는 심리가 있습니다. 그래서 빚을 내서라도 주식을 하는 사람들이 생기는 것이지요. 개미지옥처럼 빠져나오지 못하고 계속 주식을 하다 결국 전재산을 잃거나 빚더미에 앉게 됩니다. 증권사의 통계에 의하면 개인 투자자들이 수익을 내는 확률은 5%에 불과합니다. 5%에 속하는 사람들은 대부분 장기 투자자입니다. 장기 투자를 할 수 있다는 것은 주식에 돈을 묶어두어도 생활에 지장이 없을 정도의 경제적 능력이 있다는 뜻입니다.

주식은 돈이 있는 사람이 더 많은 돈을 벌 수 있는 구조입니다. 그것도 노동하지 않고 앉아서 돈을 벌 수 있는 구조이지요. 그런데 그들이 번 돈은 어디에서 오는 것일까요? 결국은 수많은 개인 투자자들의 호주머니에서 나간 돈입니다. 물론 개인 투자자들 중에서도 주식으로 수익을 남기는 사람이 더러 있기는 합니다. 이 때문에 많은 사람들이 주식으로 부자가 될 수 있다는 희망의 끈을 놓지 못하는 것이지요. 그리고 주변 사람이 주식으로 돈을 벌었다는 소문을 들으면 사람들은 상대적 박탈감을 느끼기도 합니다.

'열심히 일하면 뭐해. 누구는 가만히 앉아서 1년 만에 1억을 버는

데. 세상은 공평해야 하는 거 아니야?'

우리는 자본주의 자체가 '공평하지 않은 시스템'이라는 것을 정확하게 인지할 필요가 있습니다. 그래야만 신기루 같은 헛된 희망에 매달리지 않고 정확하게 현실의 문제를 응시할 수 있기 때문입니다. 주식 역시 모든 사람에게 공평한 기회를 제공하는 것처럼 보입니다. 주식의 문은 누구에게나 열려 있으며, 개인의 능력에 따라 얼마든지 높은 수익을 가져갈 수 있다는 믿음을 주지요. 하지만 개인 투자자들은 정보력과 자금력을 갖춘 조직이나 소수의 투자자들과의 게임에서 처음부터 이기기 힘든 링 위에 올라서는 것이나 다름없습니다. 결국 주식은 다수의 개인 투자자들의 돈을 소수의 투자자들이 가져가게 되고, '이자 낳는 자본'을 가진 이들이 더 많은 돈을 축적하는 결과로 이어지게 되는 것입니다.

간접 주식 투자, 펀드

금융 투자 상품으로 대표적인 것이 주식입니다. 주식은 정보력과 자금력이 부족한 사람이 뛰어들었을 경우 실패할 확률이 높습니다. 이를 대체하는 것이 펀드입니다. 펀드는 투자자의 돈을 투자 전문 기관이 대신 투자하여 이익을 투자자에게 나누어주는 방식입니다. 즉, 투자자가 직접 주식에 투자하는 것이 아니라 전문가에게 돈을 맡기는 간접 투자 방식이지요. 돈을 투자하여 돈을 버는 방식이라는 점은 주식과 같습니다. 주식 투자보다 위험률이 낮은 대신 수익률은 그리 높지 않습니다.

정직하게 일하면 가난할 수밖에 없을까?

대부분의 사람들은 열심히 일하지만 하루하루의 생계를 걱정하며 살아갑니다. 해마다 오르는 물가에 장을 보는 게 겁이 날 지경입니다. 10년, 20년을 일해도 집을 장만하려면 어김없이 대출을 받아야 합니다. 혹 큰 병이라도 얻을까 걱정이기도 하고, 저축을 할 형편이 못 되니 노후 대책은 깜깜하기만 합니다.

참 이상한 일입니다. 일을 하면 적어도 먹고사는 걱정은 없어야 합니다. 더 좋은 집, 더 좋은 물건까지는 가질 수 없어도 기본적인 의식주는 걱정하지 말아야 합니다. 하지만 많은 사람들은 평생 이런 걱정에 시달리고 있습니다. 어째서일까요? 이 단순한 질문에 사정을 모르는 사람들은 무심하게 대답합니다.

"능력이 없어서 그렇지. 잘살고 싶으면 자기 계발 좀 해."

그리고 언제부턴가 '자기 계발' 서적이 유행하기 시작했습니다. 그 책들이 하는 말은 한결같습니다.

> 당신이 가난한 것은 당신 탓이다. 정말 잘살고 싶다면 능력을 키워야 한다. 이 책은 당신이 능력을 키울 수 있는 방법을 가르쳐줄 것이다. 그 능력은 일찍 일어나 열심히 일하고, 남들 잘 때 자지 않고 열심히 일하는 것이다. 최대한 시간을 아껴 쓰고 열심히 일하는 것이다. 인간관계에서 최선을 다해 열심히 일하는 것이다. 이렇게 열심히 살면 당신은 성공할 수 있다.

이러한 말은 '열심히 일하는데도 여전히 가난한 이유'에 대한 답이 될 수 없습니다. 지금도 열심히 살지만 앞으로 더 열심히 살면 가난에서 벗어날 수 있다는 희망은 우리 사회의 모순을 보지 못하도록 사람들의 눈을 가리는 안대 역할을 할 뿐입니다.

부모의 가난은 자식에게 대물림될 뿐만 아니라, 자식이 부모보다 더 가난하게 살 확률이 높아졌습니다. 나날이 오르는 집값 때문에 평생을 일해도 자기 집 한 채 가질 수 없게 되었고, 매달 통장에 입금되는 월급은 생활비와 공과금, 대출금 등으로 다 빠져나가고 맙니다. 저축은 아예 생각조차 할 수 없습니다. 모이는 돈이 없으니 하루 벌어 하루 먹고 사는 삶이 반복됩니다. 상속받은 재산으로 금융이나 부동산에 투자하여 더 많은 돈을 버는 사람들처럼 투자로 이윤을 남기는 일은 꿈도 꾸지 못합니다. 이 같은 상황을 가장 극명하게 보여주는 것이 '삼포 세대'의 등장입니다.

삼포 세대란 '연애, 결혼, 출산을 포기한 세대'를 일컫는 신조어입니다. 이 세 가지는 기본적으로 돈이 없으면 하기 힘든 것들입니다. 신경림 시인은 「가난한 사랑 노래」에서 "가난하다고 해서 사랑을 모르겠는가"라고 반문합니다. 비록 가난하더라도 사랑을 모를 리 없다는 것이지요. 하지만 시인은 가난하기 때문에 결국은 사랑도 인간다운 삶도 포기할 수밖에 없는 현실을 빗대어 "가난하기 때문에 이것들을/이 모든 것들을 버려야 한다"고 한탄합니다.

가난은 지독한 현실입니다. 대부분의 사람들은 자기 한 몸 건사하기도 버겁습니다. 그런데 어떻게 누군가와 연애를 하고, 결혼할 수 있을까요? 가난을 자신의 아이에게 물려줄 확률이 높아진 사회에서 누가 마음 편하게 아이를 낳을 수 있을까요? 이러한 현실은 고스란히 출산율 저하로 이어지고, 출산율 저하는 다시 인구 감소와 고령화 현상으로 이어집니다. 이는 곧 노동력의 상실로 세금을 낼 수 있는 인구가 줄어드는 것을 뜻하기도 합니다.

고령화가 급속도로 진행되는 사회일수록 미래에 대한 희망은 어둡습니다. 생산과 소비의 저하는 자본주의사회에서 '재앙'에 가까운 불황을 가져오는 필요충분조건이 됩니다. 그래서 정부는 출산율을 높이기 위해 출산 지원금이나 양육 수당 등 복지 정책을 내세웁니다. 지방자치단체에서는 출산 장려금으로 적게는 10만 원에서 많게는 120만 원을 지급하기도 합니다. 그런데 이러한 정책이 과연 출산에 어떤 영향을 미칠 수 있을까요? 120만 원 받자고 아이를 낳는 사람이 몇이나 될까요? 그런데도 정부나 언론은 출산을 장려하고, 사람들은 아이가 셋 이상 있는 사람들에게 '애국자네'라고 진담 반 농담 반으로 말합니다. 국가를 위해 아이를 낳는 것도 아닌데 결과적으로 그렇게 되었다는 것이지요. 그런데 이는 개인에게 책임을 전가하는 현상 중의 하나일 뿐입니다.

가난이 개인의 탓이 되려면 적어도 일을 하지 않았다는 전제가 있어야 합니다. 아이를 낳지 않는 사람들을 비난하려면 적어도 아이를 낳고 살아도 괜찮은 세상이어야 합니다. 하지만 우리 사회는 열심히 살아도 가난을 벗어날 수 없는 틀이 견고하게 짜여 있습니다. 그러므로 이 모든 책임을 개인에게 전가하는 것은 합당하지 않습니다.

그렇다면 우리 사회는 어떤 방향으로 나아가야 할까요? 어떻게 하면 삼포 세대 없는 세상을 만들 수 있을까요? 어떻게 해야 일한 만큼의 대가를 받으며 살 수 있을까요? 일하지 않아도 인간의 품위를 누리며 살 수 있는 방법은 없는 것일까요?

사람들은 평화로우면서도 공정한 세상을 꿈꿉니다. 바로 그 때문에 자기 자신의 삶을 가꿀 뿐만 아니라 정치·경제에 관심을 가지고 공정무역이나 사회적 기업 등의 활동을 펼치기도 합니다. 이러한 활동이 모여 정부와 기업에 압력을 가하고, 정부는 더 나은 사회를 만들기 위한 정책을 펼치는 것이지요. 오늘날 조금이라도 더 나은 사회를 만드는 데 그나마 가장 실현 가능성이 높은 정책은 '복지와 기본소득'입니다. 6장에서는 이러한 정책의 필요성을 알아보도록 하지요.

◎노동, 토지, 화폐가 상품화되면 어떤 일이 벌어지나요?

헝가리 태생의 영국 경제학자 칼 폴라니는 『거대한 전환』에서 '노동, 토지, 화폐는 상품화될 수 없다'고 했습니다. 노동, 토지, 화폐는 시장경제에서 가장 중요한 위치를 차지하지만 그 자체만으로는 상품이 될 수 없기 때문입니다. 노동은 사람이 삶을 영위하기 위해 하는 행위로 사람과 따로 분리되어 '상품화' 될 수 없습니다. 이는 노동자와 노동력을 분리한 마르크스의 이론과는 대치되는 지점에 있습니다. 토지는 사람이 생산할 수 있는 것이 아니기 때문에 '상품화'될 수 없습니다. 화폐는 구매력의 징표일 뿐이기에 '상품화'될 수 없습니다. 이것이 칼 폴라니의 주장입니다.

하지만 이러한 주장과 달리 현실의 시장경제에서는 '노동, 토지, 화폐'의 거래가 활발하게 이루어지고 있습니다. 그렇기 때문에 칼 폴라니는 앞으로의 사회는 결국 폐허가 될 것이라고 예측합니다. 인간의 노동력이 상품화된다는 것은 곧 노동력을 구입한 소유주가 노동자의 모든 것에 관여하는 것을 의미합니다. 이로 인해 사람은 육체적 · 심리적 · 도덕적으로 타격을 입게 된다고 보았습니다. 토지의 상품화는 주거지와 환경을 더럽히고, 식량과 원자재를 생산하는 능력을 파괴하는 결과로 이어지며, 화폐의 상품화는 화폐의 부족이나 과잉을 일으켜 결국 심각한 경제 위기를 가져올 것으로 보았습니다. 그래서 칼 폴라니는 '노동, 토지, 화폐'를 상품화하는 시장경제를 '사탄의 맷돌'로 표현합니다.

복지는 최소한의 안전장치

복지가 뭐야?

‘복지가 뭐기에 모든 후보가 복지를 말할까?’

대통령 선거 때마다 후보자들이 ‘복지’를 공약으로 내세우는 것을 본 철수는 문득 이런 의문이 들었습니다. 궁금한 건 꼭 알아야 되는 철수는 이런저런 자료를 찾아보고 복지란 ‘국민들이 건강하고 윤택한 생활을 할 수 있도록 국가 차원에서 제공하는 환경’이라는 것을 알게 되었습니다. 이를테면 모든 국민의 질병을 관리하는 국민건강보험, 모든 아이들이 중학교 과정까지 교육받을 수 있는 무상교육, 최소한의 생활을 보장하는 기초 생활비 지급 등이 복지였습니다. 돈이 없어서 치료받지 못하거나 교육받지 못하거나 굶는 일이 없도록 하기 위한 정책이 바로 복지 제도입니다.

18세기 후반 영국은 산업혁명으로 많은 사람들이 일자리를 찾아

도시로 들어오면서 자연히 도시 빈민이 늘어났습니다. 도시 빈민들의 삶은 열악했습니다. 찰스 디킨스는 소설 『두 도시 이야기』에서 도시 빈민들의 삶을 적나라하게 표현하고 있습니다.

> 굶주림은 연기 없는 굴뚝에도, 아무리 뒤져도 먹을 만한 동물 내장조차 찾아보기 힘든 쓰레기 더미에서 시작했다. 굶주림은 빵집 주인의 옷소매에도 새겨져 있고 질 나쁘고 빈약한 작은 빵 덩이에도 쓰여 있었다. (…) 굶주림이 어울리는 곳 어디에나 굶주림은 풍겼다.

도시 빈민들은 쓰레기로 가득 찬 빈민가에서 '쓰레기와 가난'이라는 악취를 맡으며 살아야 했습니다. 이들을 가장 힘들게 한 것은 굶주림이었습니다. 민간 자선사업 단체들이 '자선조직협회'를 만들어 빈민 구제 활동을 펼쳤지만 한계가 있었습니다. 모금한 돈을 빈민에게 나누어주는 방식이라 비조직적이었으며 효율적이지도 않았습니다. 또 사회적 시선도 곱지 않았습니다. 심지어 구제 활동을 비판하는 이들도 있었습니다. 대표적인 인물이 영국의 사회학자 허버트 스펜서입니다.

스펜서는 우성인자는 살아남고 열성인자는 자연도태된다는 진화론을 토대로 빈민 구제 활동을 비판했습니다. 그의 주장에 따르면, 생존경쟁에서 진 사람들은 자연스럽게 도태되어야 하는데 사회가 그들을 인위적으로 살리고 있다는 것입니다. 심지어 그는 빈민은 구

영국 사회학의 창시자로 불리는 허버트 스펜서. '적자생존론'을 주장했던 그는 약자에 대한 복지나 보호는 의미 없는 것이라고 보았다.

제의 대상이 아니라 통제의 대상이 되어야 한다고 주장합니다. 그런데 '자선조직협회'가 결성된 1869년 당시의 영국 도시는 개인의 의지나 노력이 별다른 힘을 발휘하지 못하던 상황이었습니다. 인구 과밀 현상, 주택 부족과 주거 위생 문제, 실업자 양산, 부의 불평등한 분배, 노동 착취, 저임금 등의 문제는 수많은 사람들을 빈곤으로 몰아넣었습니다. 자본주의로 이행하는 과정에서 발생한 사회 구조적 문제들은 개인이 노력한다고 해서 해결되는 것이 아니었습니다. 그런데도 빈곤을 개인의 책임으로 진단한 것은 암 환자에게 감기약을 처방하는 것만큼이나 우둔한 일이었지요.

복지는 위험에 대비하기 위한 사회적 안전장치입니다. 자본주의 사회에서 가장 큰 위험은 '돈'입니다. 돈이 없다는 것은 단지 생활의 불편함을 넘어 생계 자체에 큰 지장을 초래합니다. 그래서 세상에서 가장 무서운 것이 돈이라는 말도 나오는 것이지요. 이렇게 무서운 돈을 노동자들은 노동력을 통해 벌어들입니다. 그런데 어떠한 노동자도 자신의 노동력을 죽을 때까지 제공할 수 없습니다. 인간은 로봇과 달라서 나이가 들면 신체적으로 노화 현상을 겪게 됩니다. 노령에 의한 노동력의 상실은 곧 경제적 파탄을 의미합니다. 노동력의 상실은 단지 노령에 의해서만 일어나는 것은 아닙니다. 신체적으로나 정신적으로 병이 들거나 사고나 재해 등을 당했을 때에도 노동력이 상실될 수 있습니다. 설사 노동자의 노동력이 건재하더라도 실업 등으로 더는 돈을 벌 수 없는 상태에 이르기도 합니다. 이때 저축한 돈이 없거나 민간 보험 등에 가입되어 있지 않은 사람들은 경제적 위기에 빠지게 됩니다. 이 위기는 누구에게나 닥칠 수 있는 교통사고와 같은 것입니다. 그렇기 때문에 사람들은 오늘보다 내일을 더 두려워하게 됩니다. 당장은 먹고살아도 가까운 미래나 먼 미래에 어떤 일이 닥칠지 알 수 없으니까요. 이러한 불확실성은 우리 사회가 제대로 된 안전장치를 마련하지 못했을 때 더 극심해집니다. 그래서 복지라는 안전장치가 필요한 것이지요. 이 안전장치는 사회의 발전 수준을 반영하는 척도가 되기도 합니다.

복지 제도에 영향을 미친 사회주의 혁명

초창기 복지 운동이 정부 주도하에서 진행되지 않고 민간에서 시작된 것은 주목할 만합니다. 정부는 분명 국방, 치안 등 국민의 안전을 보장할 책임이 있습니다. 이와 더불어 국민 모두가 건강하고 윤택하며 안락하게 살 수 있는 환경을 조성해야 합니다. 그런데도 19세기 말까지 세계 각국의 정부는 복지 정책을 등한시했습니다. 산업혁명으로 어느 때보다 눈부신 경제성장을 이루었는데도 복지 정책을 마련하는 데 소홀했습니다. 이유가 무엇이었을까요?

답은 '자본주의'에 있습니다. 자본주의는 '경쟁을 통한 사익 추구'를 근간으로 합니다. 또한 자본주의 체제의 정부는 시장이 스스로 잘 굴러갈 수 있도록 보조만 해주면 됩니다. 자본주의는 기본적으로 스펜서가 주장한 '경제생활에서의 진화론'을 담고 있습니다. 애당초 평등하고 공정한 분배는 없었던 것이지요.

그런데 이 자본주의에 반대하는 움직임이 세계 곳곳에서 일어납니다. 노동자·농민 계층에 대한 자본가의 착취, 계급 간의 빈부 격차 등이 극심해지자 노동자와 농민을 중심으로 계급투쟁이 일어납니다. 그것이 바로 '사회주의 혁명'입니다. 사회주의는 사유재산제를 인정하지 않습니다. 대신 공동으로 생산한 부를 공평하게 분배함으로써 계급 없는 평등한 사회를 실현하고자 했습니다. 당시 착취와 가난에 시달리던 노동자와 농민은 물론이고 많은 지식인들에게도 사

마르크스(왼쪽)와 엥겔스(오른쪽). 이들이 공동 저술한 『공산당 선언』은 사회주의의 이론적 기초를 제시했다.

회주의 사상은 상당히 매력적인 이론이었습니다. 사회주의 이론이 세계 곳곳으로 확산되자 많은 사람들이 사회주의자가 되었습니다. 유럽 여러 나라에서는 공산당이나 사회당이 조직되었고, 이들은 사회주의 이론을 바탕으로 한 주요 정책을 내세웠습니다.

사회주의 혁명이 일어난 뒤 소련(현재 러시아)을 비롯한 동유럽의 많은 국가에서 '사회주의 정부'가 탄생했습니다. 특히 1917년 10월 혁명으로 탄생한 '소비에트사회주의공화국연방(소련)'은 동유럽과 아시아의 사회주의 국가들의 지도국이 됩니다. 제2차 세계대전이 끝난 뒤 세계는 미국을 중심으로 한 자본주의 체제와 소련을 중심으로 한 사회주의 체제의 대립으로 '냉전 시대'를 맞게 됩니다.

이러한 흐름 속에서 자본주의 국가들은 '사회주의'를 의식하지 않을 수 없었습니다. 노동자·농민 계급에게 사회주의는 자본주의의 비교 대상이 되었습니다. 사회주의는 노동자가 가난을 운명처럼 받아들이지 않아도 된다는 인식을 심어주었습니다. 반면에 자본주의 국가의 정치인들은 사회주의를 사회질서를 무너뜨리는 위험한 사상으로 간주했습니다. 그리고 사회주의의 확산을 막기 위해서는 무엇보다 노동자·농민 계급의 불만을 잠재워야 한다고 인식했습니다. 그 방법으로 끌어다 쓴 정책 중의 하나가 '복지'입니다.

복지 정책을 처음 펼친 것은 독일의 비스마르크였습니다. 사회주의 운동의 확산을 두려워했던 그는 자본주의사회에 대한 불만이 사회주의 운동으로 발전하는 것을 막기 위해 1883년 의료보험을 시작으로 산재보험, 노령 및 장해 연금 등을 단계적으로 도입했습니다. 이러한 복지 정책은 단지 자본가와 노동자의 갈등을 해소하는 효과만 있었던 것은 아닙니다. 궁극적으로는 산업 경제 발전에도 상당히 긍정적인 영향을 미쳤습니다. 복지 정책의 혜택으로 삶의 질이 향상되자 노동자는 지속적으로 노동할 수 있었으며 노동의 질 또한 높아졌습니다.

오늘날 대부분의 사회주의 국가는 사회주의를 실현하는 데 실패했습니다. 소수가 권력을 독점하여 다수의 자유를 빼앗는 '독재국가'로 남아버렸지요.

진정한 복지란 무엇인가?

영국 영화 「나, 다니엘 블레이크」는 우리에게 '진정한 복지가 무엇인지'에 대한 질문을 던집니다. 영화의 주인공 블레이크는 40년 동안 목수로 일해오다가 병이 들고 맙니다. 의사는 그에게 더는 일을 해서는 안 된다는 진단을 내립니다. 그런데 이 진단은 가난한 노동자인 블레이크에게는 죽으라는 말과도 같았습니다.

일하지 않고 어떻게 살 수 있을까요? 무슨 돈으로 집세를 내고 음식을 구할 수 있을까요? 40년을 열심히 일했어도 통장은 비어 있습니다. 하루 벌어 하루 먹고 사는 것만으로도 힘든 인생이었습니다. 하지만 마지막 희망이 남아 있었습니다. 영국에는 병으로 일을 할 수 없는 사람에게 주는 '질병 수당'이나 일자리를 잃은 실업자에게 급여를 주는 '실업급여제도'가 있었으니까요. 그런데 질병 수당을 신청했지만 거동이 불편하지 않다는 이유로 질병 수당 수급 대상에서 제외됩니다.

결국 블레이크는 아픈 몸을 이끌고 실업 급여를 신청하려고 관공서를 찾아가지만, 구직 활동을 해야 실업 급여를 받을 수 있다는 말을 듣게 됩니다. 그는 실업 급여를 받기 위해 구직 활동을 해야 하지만 일을 할 수는 없는 상황입니다. 구직 활동을 한 후 다시 관공서에 찾아갔지만 그는 실업 급여를 받을 수 없다는 말을 듣습니다. 일을 하려거나 일을 찾으려는 노력을 증명하지 못했다고요. 구직 활동을 했고, 아파서 일을 할 수 없는 상태라고 항의해도 공무원은 차가운 목소리로 구직 활동을 증명하지 못하면 실업 급여를 지급할 수 없다고만 합니다. 그러는 동안에 공과금 낼 돈도 없어 집의 가구를 다 팔아버립니다. 그에게 남은 것은 의자 하나뿐이었습니다. 블레이크는 무언가 잘못되었다고 생각합니다. 하지만 그에게는 아무 힘도 없었습니다. 그가 저항하는 방법은 관공서 벽에 낙서를 하는 것 정도였습니다.

「나, 다니엘 블레이크」는 실제로 일어난 일을 영화로 만든 것입니다. 블레이크는 결국 사회적 보호를 받지 못한 채 죽고 맙니다. 복지제도의 혜택을 받기 위해 자신의 권리를 요구하는 과정에서 블레이크는 식료품을 구입할 돈이 없어 굶기도 하고, 제대로 된 치료도 받지 못합니다. 인간으로서 누릴 수 있는 당연한 권리인 끼니를 걱정하지 않아도 될 권리, 치료받을 권리를 빼앗기게 된 것이지요. 하지만 무엇보다 그를 괴롭힌 것은 인간으로서의 자존감에 상처를 입은 것이었습니다. 그래도 그는 그 자존감을 잃지 않기 위해 안간힘을 씁니다. 그는 죽기 전 다음과 같은 글을 남깁니다.

> 내 이름은 다니엘 블레이크, 나는 사람이지 개가 아닙니다.
>
> 나는 나의 권리를 요구합니다. 나를 존중해줄 것을 요구합니다.
>
> 나, 다니엘 블레이크는 한 사람의 시민, 그 이상도 이하도 아닙니다.

영화 「나, 다니엘 블레이크」의 한 장면. 돈 몇 푼 던져주기보다는 한 인간으로서의 자존감을 지켜주는 것이 참된 복지라는 메시지를 전한다. 2016년 칸영화제에서 황금종려상을 받았다.

영화 속의 또 다른 인물인 케이티는 가난이 인간의 자존감을 어떻게 무너뜨리는지를 극명하게 보여줍니다. 오랜 굶주림에 시달렸던 케이티는 식료품 지원소에서 통조림을 받자마자 맨손으로 음식물을 입안에 욱여넣습니다. 그러다 문득 자신의 모습이 인간답지 못하다는 생각이 들자 서럽게 울기 시작합니다.

"괜찮아. 네 탓이 아니야. 넌 엄마로 잘 버텼어."

블레이크는 이렇게 말해줍니다. 홀로 아이를 키우며 살기 위해 몸부림쳤던 그녀의 인생이 잘못된 것이 아니었다고요.

열심히 살아보려 해도 사회적 환경이 받쳐주지 않으면 인간은 절망하게 됩니다. 특히 모든 것이 돈을 중심으로 흘러가는 자본주의사회에서 노동력의 상실이나 빈곤은 인간의 자존감을 무너뜨리는 결과로 이어지게 됩니다. 복지는 적어도 이 같은 일이 일어나지 않도록 하는 것입니다.

그렇다면 우리는 다니엘 블레이크의 사례에서 한 가지 의문을 던질 수도 있습니다.

'복지는 안전장치라며? 그런데 어째서 블레이크와 케이티는 복지의 혜택을 받지 못한 거야?'

복지는 위험에 대비하기 위한 사회적 안전장치라는 것은 의심할 바 없는 사실입니다. 그런데 이 안전장치를 어떻게 설치하느냐에 따라 위험을 피하는 사람도 있고, 위험을 피하지 못하는 사람도 생기게 됩니다. 영국의 실업급여제도에서는 블레이크와 케이티는 자신들이 실업 급여를 받을 수 있는 조건을 갖춘 사람임을 증명해야 했습니다. 이를테면 열 사람이 복지를 신청해도 그중 서류가 통과된 다섯 사람만 복지 혜택을 받습니다. 나머지 다섯 사람이 정말로 복지가 절실한 형편이더라도 정부가 제시한 조건에 부합하지 못하면 복지 혜택을 받을 수가 없습니다. 그런데 서류가 어떻게 그 사람의 절실함을 다 담아낼 수 있을까요? 또 복지를 받으려 하거나 대상자가 되는 순간 그 사람은 정부의 지원에 의존해야 하는 '무능력자'로 간주됩니다. 자본주의사회에서 경제적 무능력은 비난의 대상이 되곤 합니다. 그가 어떠한 사람이건 간에 단지 가난하고 무기력한 존재로만 인식됩니다. 이는 인간이 가질 수 있는 최소한의 자존감까지 빼앗는 문제로 이어지지요. 인간의 자존감에 상처를 입히는 복지가 과연 진정으로 행복한 생활을 보장해줄 수 있을까요?

복지국가로 가는 길

'일을 못 구하면 어떻게 먹고살지? 병이 들거나 사고를 당하면? 우리 집은 부자도 아닌데.'

철수는 「나, 다니엘 블레이크」를 보고 난 뒤 문득 이런 고민에 빠졌습니다. 블레이크에게 일어난 일은 누구에게나 일어날 수 있는 일입니다. 게다가 10~20년 뒤면 직업의 47%가 사라질 것이라는 뉴스까지 듣고 나니 미래가 여간 걱정스럽지 않았습니다. 직업이 없어지는 이유 중에는 '4차 산업혁명'이 있습니다. 인공지능, 로봇 기술, 빅데이터의 발달로 기계나 기술이 인간의 일을 대신하게 되는 것이지요. 자동화 시스템으로 대체될 가능성이 높은 직업으로는 은행 대출 담당자, 세무 신고 대행, 부동산 중개인, 도서관 사서 등이 있습니다. 특히 매일 텔레비전에서 보던 뉴스 아나운서가 앞으로 사라질 직업 중의 하나라는 것에 철수는 더욱 놀랐습니다. 사람이 꼭 뉴스를 전할 필요는 없기 때문이라고 합니다. 이 밖에도 우리는 미래 사회의 모습을 미리 실감하고 있습니다. 무인 편의점, 무인 자동차, 무인 택배가 등장하면 편의점에서는 굳이 아르바이트생을 고용하지 않을 것이

버스 앞에 모여 거리 질서 확립 캠페인을 벌이고 있는 버스 안내양들(1981년).

고, 택시나 버스 운전기사, 택배 기사도 일자리를 잃게 되겠지요.

사실 철수가 걱정하는 일은 '4차 산업혁명'이 거론되기 이전부터 있어왔던 일입니다. 예전에는 있었지만 지금은 기억 속으로 사라진 직업들이 많습니다. 대표적인 예가 버스 안내양입니다. 옛날에는 사람들이 승차할 때마다 버스 안내양이 돈을 받고 거슬러주는 일을 했습니다. 은행에서도 이와 비슷한 일이 일어났습니다. 현금입출금기가 설치된 후 대부분의 은행에서는 직원들의 수를 최대한 줄였습니다. 예전에는 창구에 10명의 직원이 있어야 했다면 현금입출금기가 설치되고 나서는 5명의 직원만 있어도 충분했으니까요.

새로운 기기가 발명될 때마다 사람들은 환호합니다.

'야, 인간의 기술이 이렇게까지 발전했구나. 세상이 더 편리해지겠는걸.'

그런데 기술의 발전은 또 다른 실업자를 양산하는 원인이 되기도 합니다. 임금을 줄이기 위해 기업은 발 빠르게 기계 장치를 도입하기 때문이지요. 그렇다고 노동자의 일이 줄어드는 것은 아닙니다. 기업은 기계로 대체할 수 없는 최소한의 인원만 고용하여 그들에게서 최대한의 노동력을 뽑아내려 합니다. 그래야 더 많은 이윤을 챙길 수 있기 때문이지요.

산업혁명 후 사람들은 더 편리한 세상이 도래할 것이라고 믿었습니다. 사람이 할 일을 기계가 대신하니 좀 더 여유로운 생활을 누릴 수 있을 것이라고 생각했지요. 하지만 현실은 기대와 달랐습니다. 기계가 오히려 사람의 일자리를 빼앗는 결과가 되었고, 노동자는 노동 착취에 시달려야 했습니다. 이러한 구도는 오늘날까지 이어져왔습니다. 그리고 이제는 더 뛰어난 기술이 사람의 일을 대신하고자 기다리고 있습니다. 그래서 미래에는 '부의 불평등'을 넘어서서 대규모 실업이 발생하여 '일자리의 불평등'이 심화될 것이라는 전망까지 나오고 있습니다. 소수의 사람만이 일을 할 수 있으며, 나머지 다수의 사람은 무직자로 살 수밖에 없다는 것이지요. 이는 단지 개개인의 추락만을 의미하지 않습니다. 실업자의 증가는 소비자의 감소로 이어지고, 소비자의 소비력 하락은 기업의 파산과 국가 경제의 위기로 이어지기 때문입니다.

2017년 대통령 선거에서 '4차 산업혁명'과 '보편적 복지'가 중요한 공약으로 나온 것도 이러한 상관관계 때문입니다. 보편적 복지를 구축하지 못한 상태에서 4차 산업혁명은 수많은 사람들에게 경제적 고통과 자존감의 상실을 안겨줄 수도 있습니다. 그럼에도 4차 산업혁명을 포기하지 못하는 이유는 세계가 4차 산업혁명 지대로 진입하고 있기 때문입니다. 이는 4차 산업이라는 지대를 먼저 점령하기 위한 국가 간의 경쟁이 치열해졌음을 의미하기도 합니다. 산업혁명 후 세계는 산업화를 향해 브레이크 없는 자동차처럼 달렸습니다. 그 과정에서 많은 모순과 문제가 발생했지만 경쟁적으로 달리기 시작한 자동차를 멈추게 할 수는 없었습니다. 4차 산업 또한 마찬가지입니다.

4차 산업혁명의 진전은 각 분야에서 인간의 일자리를 잃게 만드는 위험성을 높였습니다. 「나, 다니엘 블레이크」의 블레이크와 같은 처지에 놓이게 되는 사람들은 훨씬 많아지겠지요. 그런데 블레이크처럼 자신이 더는 일할 수 없는 상태임을 증명해야 한다면 실직의 고통에 또 다른 고통까지 얹을 수밖에 없습니다. 영화에서와 달리 블레이크가 질병 수당이나 실업 급여를 받을 수 있다 해도 이미 지독한 가난을 경험한 뒤이겠지요. 사회적 안전장치는 최소한 한 인간이 위험한 상태로 떨어지기 전에 그렇게 되지 않도록 붙잡아주는 힘이 되어야 합니다. 병이 들었거나 사고를 당했거나 취업에 성공하지 못했거나, 여러 이유로 경제적 활동을 할 수 없는 사람들이 경제적 고통을 겪은 뒤에야 복지 혜택을 받을 수 있다면, 그것은 안전장치가 아니라 죽기 직전의 사람에게 제공하는 산소호흡기에 불과할 뿐입니다. 또한 보편적 복지는 정치적인 이유나 필요에 의한 것이 아니라 사람들의 생존권과 행복권을 위한 것이기에 우리 사회가 필연적으로 가야 하는 길이기도 합니다. 사회 구성원들은 경제적으로 평등할 권리와 노동하지 않아도 살아갈 수 있는 권리가 있기 때문입니다.

사회민주주의 국가의 복지

철수는 복지가 남의 일이 아니라 바로 자기 자신의 일이라는 것을 깨달았습니다. 그러다 보니 자연스럽게 다른 나라의 복지 제도까지 궁금해졌습니다. 비교 대상이 있으면 아무래도 한국 복지가 가야 할 길을 좀 더 알기 쉬울 것 같다는 생각이 들기도 했지요.

'탈상품화?'

철수는 복지에 관한 자료를 찾던 중 '탈상품화'라는 단어에 시선이 갔습니다. 탈상품화는 덴마크의 사회학자 에스핑-안데르센이 복지의 본질을 규정한 개념으로, 노동자가 자신의 노동력을 상품으로 팔지 않고도 자신이 원하는 상품과 서비스를 구매할 수 있는 것을 말합니다. 복지는 시장의 논리로 접근해서는 안 되며, 적어도 노동자가 자신의 노동력을 팔지 않고서도 생계를 유지할 수 있어야 한다는 뜻으로 쓰인 것이지요.

'그렇지. 복지를 시장의 논리로 생각하면 안 되지. 시장의 논리대로라면 복지가 있을 수 없지. 복지가 이윤을 남기는 것도 아니고.'

에스핑-안데르센은 복지의 '탈상품화'가 높은 나라일수록 복지 선진국이라고 했습니다. 현재 탈상품화 지수가 가장 높은 국가는 스웨덴, 노르웨이, 핀란드 등 '사회민주주의 국가'로 분류된 나라들입니다. 그다음이 프랑스, 독일 등 보수주의적 복지국가이고, 미국, 캐나다 같은 자유주의 복지국가가 가장 낮습니다. 철수는 특히 사회민주주의 국가의 복지에 관심이 쏠렸습니다.

사회민주주의는 자본주의 경제체제를 유지하되 소득 분배에서는 사회주의적 이념을 따르는 것입니다. 즉, 보통의 자본주의 국가와 다를 바 없는 경제활동을 펼치지만 정부 주도하에 사회 전반의 이익과 복지 정책을 더 강하게 펼치는 시스템이라 할 수 있습니다. 사회민주주의 국가는 대체로 높은 수준의 사회보장제도를 운영하고 있습니다.

스웨덴은 '모든 아이가 모두의 아이로 여겨지는 나라'라는 사회보장제도를 시행하고 있습니다. 세계 제일의 복지국가라 할 수 있지요. 스웨덴의 복지 체제는 의료, 교육, 노후, 양육 등 생활에 필요한 거의 모든 분야에 걸쳐 있으며, 국민들은 세계 최고의 복지를 누리며 살고 있습니다.

스웨덴 국민은 의무적으로 의료보험에 가입해야 합니다. 대신 병원비는 거의 전액 정부나 지방자치단체에서 부담합니다. 또한 스웨덴 부모들은 한국처럼 교육비 걱정을 할 필요가 없습니다. 모든 교육이 무상으로 이루어지고 있기 때문이지요. 특히 스웨덴의 교육제도는 '평생학습 체제'에 가깝습니다. 성인이 된 후에도 자신이 원하는 강좌를 어디에서든 무상으로 들을 수 있으며, 교육을 통해 자신의 적성에 맞는 새로운 일자리를 찾을 수도 있습니다. 그리고 65세 이상이 되면 누구든지 매달 기초 생계비 이상의 연금을 받습니다. 연금을 받기 위해 까다로운 조건을 애써 맞출 필요도 없으며, 연금을 받지 못할까 봐 걱정할 이유도 없습니다. 노인복지를 위한 모든 비용을 정부가 지불함으로써 스웨덴 국민들은 편안한 노후를 보낼 수 있습니다. 육아 정책에서도 스웨덴은 여느 국가보다 한발 앞서 있습니다. 정부는 아동이 16세가 될 때까지 매월 일정 금액의 자녀수당을 지급합니다. 어린 자녀를 둔 부모는 아동이 8세가 될 때까지 480일의 육아 휴직을 할 수 있으며, 310일 동안 월급의 80%를 정부로부터 지원받습니다.

스웨덴의 이 같은 복지 제도의 바탕에는 조세 수입이 있습니다. 스웨덴은 세금이 높아서 국민들은 수입의 많은 부분을 세금으로 지출합니다. 그래서 스웨덴식 복지를 비판하는 쪽에서는 세금 부담을 걸고넘어지지요. 높은 부가가치세, 사회보장세, 소득세 등의 세금을 내지 않기 위해 편법을 쓰거나 부자들은 아예 국적을 바꾸어버리는 일들이 발생한다고 공격합니다. 부자가 더 많은 세금을 내도록 되어 있는 체계는 결국 부자가 가난한 사람을 먹여살리는 셈이라고 비판하기도 합니다.

하지만 스웨덴식 복지의 본질에는 '사회보장 및 부의 평등 분배'를 정책적으로 추구하는 이념이 깔려 있습니다. 소득 수준에 따라 세금을 내는 것이 불공평하다고는 할 수 없습니다. 많이 버는 사람은 많이 내고, 적게 버는 사람은 적게 내는 것이지요. 그리고 그 세금은 재분배되어 국민의 삶의 질을 높이는 데 쓰이고 있습니다.

한국 사회에서 대부분의 부모들은 자녀들의 양육비와 교육비로 나가는 돈 때문에 노후를 준비하지 못합니다. 게다가 정년이 되면 퇴직을 해야 합니다. '100세 시대'를 감안한다면 별다른 임금을 받지 못한 채 살아야 하는 기간이 무려 40년 가까이나 됩니다. 이 기간을 살아가려면 노후를 위한 저축을 해야 하지만 그럴 여력이 되지 않는 사람이 훨씬 많습니다. 신한은행이 발표한 '2018년 보통 사람 금융생활 보고서'에 따르면, 전체 직장인의 47%만이 노후 대비 저축을 하고 있다고 합니다. 그런데 저축액은 월평균 26만 원에 불과합니다. 노후 자금으로는 부족한 액수이지요.

스웨덴 국민들은 적어도 돈이 없어 굶거나, 치료받지 못하거나 하는 일은 없습니다. 노후 생활도 보장되어 있으니, 생활고에 시달려 목숨을 끊는 상황까지 가는 일은 절대 일어나지 않습니다. 철수는 세상에 이런 나라가 있다는 것을 알고는 깜짝 놀랐습니다. 한국의 현실에 비추어보면 이러한 복지는 상상 속에나 있을 법한 일이니까요. 물론 그 나라도 그 나름의 고충과 문제가 있을 것입니다. 수많은 사람이 모여 공동체를 이루고 있는 사회에서 모두 다 만족할 수는 없는 노릇이지요. 그럼에도 '복지 천국'으로 불릴 만한 수준의 복지가 어느 나라에선가 실현되고 있다면 한국에서도 못 해낼 것이 없다는 생각이 듭니다. 멀지만 가야 하는 길이니까요.

인간으로서 존엄을 지킬 권리

독일의 정치학자 막스 베버는 『프로테스탄티즘의 윤리와 자본주의 정신』에서 '자본주의 정신'을 '성실, 근면, 신용' 등의 윤리로 파악합니다. 흔히 말하는 '이윤 추구'만이 자본주의 정신이 아니라 '기독교적 도덕성'이 자본주의 정신에 영향을 미쳤다고 보았습니다. 기독교적 도덕성은 나태하지 않고 성실하게 일하며, 진실한 신앙이 바탕이 된 금욕주의적 생활을 하는 것을 말합니다. 그러다 보면 자연스럽게 부를 축적하게 된다는 것이지요. 그리고 이는 신의 축복이라고 보았습니다. 반면에 일하지 않는 사람은 사회적으로 비난의 대상이 될 뿐만 아니라 종교적으로 죄악시되었습니다. '일하지 않는 것'은 곧 신의 말씀을 지키지 않는 일이니까요.

그런데 오늘날의 청년들은 일을 하고 싶어도 일을 할 수 없는 상황에 내몰려 있습니다. 2017년 한국의 청년 실업률은 9.2%에 달했습니다. 현실에서 체감하는 실업률은 더 높습니다. 통계상의 실업률과 체감 실업률이 다르기 때문입니다. 그 이유는 실업률의 산정 방식에서 찾을 수 있습니다.

$$\text{실업률(\%)} = \frac{\text{실업자 수}}{\text{경제 활동 인구}} \times 100$$

위의 산정 식만 보면 실업률 계산에 별문제가 없어 보입니다. 하지만 이 공식에는 '실업자의 기준'이라는 함정이 있습니다. 보통 실업자라고 하면 '현재 일하지 않는 사람'이라고 생각합니다. 그런데 위의 공식에서 계산되는 실업자는 지난 1주일간 적극적으로 구직 활동을 한 사람이어야 합니다. 또 지난 1주일간 단 1시간이라도 일했다면 그 사람은 실업자로 취급하지 않습니다. 즉, 지난 1주일간 적극적으로 구직 활동을 하지 않았거나 단 1시간이라도 일을 했다면 실업자에 포함되지 않습니다.

좀 더 구체적인 예를 들어봅시다. 철수는 지난 3년 동안 아무 일도 하지 않았습니다. 최근 1년 동안은 직장을 구하는 것을 아예 포기했습니다. 그렇다면 철수는 '실업자 수'에 포함되지 않습니다. 실제로는 실업자이지만 실업률에 속하는 실업자는 아닌 셈이지요. 이처럼 실업률은 현실의 실업률을 반영하지 못합니다. 통계상 실업률이 10%라면 현실의 실업률은 20% 또는 30%일 수도 있습니다. 한국뿐만 아니라 대부분의 국가가 이 같은 방법으로 실업률을 산정합니다. OECD 국가들은 매년 이 실업률로 순위를 매기기도 합니다. 하지만 이러한 방식으로 산출된 실업률은 국가 간의 실업률을 비교하는 지표는 될 수 있을지언정 각 나라의 실업 사정을 정확하게 담아내지는 못합니다.

실업률과 실제 실업자 수는 분명한 차이가 있습니다. 그렇다 하더라도 실업률이 높은 국가일수록 그 나라의 경제 상황이나 경제정책 등에서 많은 문제를 안고 있다고 볼 수 있습니다. 이를테면 지속된 불황으로 줄어든 일자리, 취업 알선 제도의 부실함, 정부 주도의 일자리 창출 실패, 실업자에 대한 교육의 부재, 복지 정책의 실패 등이 실업자를 양산해내는 원인이 됩니다. 경제 불황으로 경기가 침체되면 사람들은 소비를 줄이게 됩니다. 이로 인해 기업은 매출이 떨어져 고용 인구를 줄이게 됩니다. 매년 1,000명을 고용해왔다면 500명으로 줄이는 식이지요. 취업 알선 제도, 일자리 정책, 복지 정책 등은 정부가 책임지고 마련해야 하는 것들입니다. 하지만 이제까지 한국 정부는 대기업 성장 위주의 정책에 더 큰 힘을 쏟아왔습니다. 정부의 논리는 이렇습니다.

'기업이 살아야 당신들도 산다.'

그런데 우리는 어째서 기업의 성공이 곧 국가와 국민의 성공이라는 말을 들어왔던 것일까요? 정부는 오랫동안 대기업 밀어주기식의 경제정책을 시행해왔습니다. 대기업의 불공정 행위나 독과점을 눈감아주었고, 그렇게 해서 막대한 돈을 축적하는 것을 지켜만 보았지요. 심지어 재벌의 비리로 기업이 흔들릴 때조차 국민의 세금으로 막

아주기까지 했습니다. 기업이 덩치를 키워야 수출 경쟁력이 강화되고, 그것이 곧 국가 총수입을 올리는 일이라고 여겼던 것이지요. 정부가 내세우는 논리대로라면 국민도 잘살아야 합니다. 대기업이 덩치를 키운 만큼 더 많은 고용이 이루어져야 하고, 수출액이 높은 만큼 서민 경제가 활기차게 움직여야 합니다. 하지만 덩치를 키운 기업은 노동자를 고용하는 대신 자동화 기계를 도입하였고, 사회적 도움으로 벌어들인 돈은 고스란히 재벌과 정치인의 호주머니 속으로 들어갔습니다. 특정 대기업이 챙긴 천문학적인 액수의 이득은 사회에 재분배되지 않았을 뿐만 아니라 고용 창출에도 그다지 도움이 되지 않았습니다. 그럼에도 '기업이 살아야 당신들도 산다'는 논리는 여전히 먹혀듭니다.

이러한 논리와 더불어 정부나 기업은 실업 문제를 개인의 책임으로 전가합니다. 권리와 이익을 챙기고서도 사회적 책임을 지지 않고 빠져나가는 데 이보다 좋은 논리도 없습니다. 그래서 청년 실업의 원인을 '힘들고 어려운 일을 기피하는 청년들의 자세'에 두기도 합니다. 노동의 강도는 높고 임금은 낮은 일, 흔히 3D[Dirty, Dangerous, Difficult]로 불리는 직종에는 가지 않으려 하기 때문에 일자리가 없다는 것이지요. 희망도 즐거움도 없는 일을 하지 않으려는 건 비난의 대상이 될 수 없습니다. 단지 돈을 벌 목적으로만 노동을 하는 시대는 이미 지났습니다. 현대인은 개인의 취향이나 적성을 고려한 노동을 선택하고자 합니다. 이왕이면 노동에서 즐거움을 얻고 희망을 찾으려고

공무원 시험을 마치고 나오는 수험생들(1997년). 청년 일자리 부족 현상이 본격적인 사회문제가 된 지 10년이 넘었다. 2018년 현재 많은 청년들이 질 높은 일자리를 찾아 공무원 시험에 희망을 건다.

합니다. 인생의 대부분을 투자하는 노동이 힘들고 어렵기만 하다면 인생 자체가 우울해지는 일이니까요. 3D 업종을 피해 일하려는 마음은 어찌 보면 당연한 일이며 권리이기도 합니다. 사회가 사람들에게 노동력에 대한 대가를 제대로 지불하지 않는 일자리를 내놓고서 '자, 이제 일자리를 만들었으니 됐지?'라고 생색을 내서는 안됩니다.

그런데 일을 하지 못하면 죄의식을 가져야 하며, 무조건 비난의 대상이 되어야 하는 것인가요?

어차피 이 사회는 모든 사람이 일할 수 있는 시스템을 구축하지도 못했습니다. '일자리 차지하기 경쟁'에 내몰려 있는 형편인데도 일자리를 차지하지 못했다고 비난합니다. '의자 놀이'처럼 의자는 한정되어 있고 사람 수는 그보다 많다는 것을 뻔히 알면서도 말이지요. 없는 의자에 앉는 시늉을 할 수는 없습니다. 인류는 과학기술을 발전시키는 과정에서 인간을 대신해 노동할 수 있는 로봇이나 인공지능을 꿈꾸게 되었고, 실제로 상당 부분 현실화하기도 했습니다. 과학기술이 결합된 자본주의가 결국은 사람에게서 일자리를 빼앗게 되리라는 것은 이미 많은 이들이 예측해왔던 일입니다. 그런데 '노동하지 않는 인간'을 비난하거나 잉여로 취급하는 것은 의자를 빼앗고선 왜 의자에 앉지 않느냐고 하는 것과 다를 바 없습니다.

의자에 앉은 사람이나 앉지 못한 사람이나 모두 '의자 놀이'에 참여한 구성원입니다. 놀이에 참여했으니 이미 그 놀이에 대한 권리를 가지는 것이지요. 사회의 모든 구성원이 그렇습니다. 일을 하면 사람답게 살 수 있고, 일을 하지 않으면 그렇게 못 산다는 것은 그야말로 반칙이지요. 우리는 이 사회의 구성원으로서 일할 수 있는 권리만큼 일을 할 수 없어도 인간으로서 존엄을 지킬 수 있는 권리가 있습니다.

◎ 세계 대공황은 언제 일어났나요?

미국은 1920년대에 급격한 경제성장을 보이며 호황을 누리고 있었습니다. 그런데 1929년 주식시장이 붕괴되면서 큰 타격을 입게 되었지요. 이후 미국 경제는 침체기에 빠져들었고, 이로 인해 1932년까지 전체 노동자의 4분의 1이 일자리를 잃게 됩니다.

미국의 경기 침체는 유럽의 여러 나라에도 영향을 미쳤습니다. 유럽에서도 수백만의 노동자가 일자리를 잃게 되었으며, 사회적으로나 정치적으로 불안정한 시대를 맞게 됩니다.

당시 세계경제는 1929년부터 1933년까지 가파른 하락세를 보였습니다. 세계 무역의 총가치가 반 이상 줄어들었으며, 수백만의 사람들이 직장을 잃고 거리로 내몰렸습니다.

경제학자들은 자본주의사회에서는 10년 주기로 불황이 반복된다고 합니다. 경제가 어느 정도 성장을 이루고 나면 침체기로 들어서기 때문이지요. 그런데 1929년의 불황은 세계경제에 미쳤던 타격이 몹시 큰 데다가 장기간 지속되었기에 '대공황'이라는 이름이 붙은 것입니다. 세계경제가 다시 회복세로 돌아선 것은 1939년이었습니다. 그리고 이때 인류 역사상 가장 많은 사람들이 희생된 제2차 세계대전이 일어납니다.

◎ 부자가 세금을 더 많이 내야 하는 이유가 뭐예요?

자본주의가 세상에 등장한 후 경제 · 사회 · 정치학자들은 '공정하지 못한 부의 분배'를 분석하고 비판하면서 그에 대한 해결책을 찾으려고 노력해왔습니다. 부의 불평등은 정치, 경제, 사회 모든 분야에 걸쳐 갈등을 심화시키는 불안 요소로 작용합니다. 이를 해소하기 위해서는 불공평한 분배의 원인을 파악하고 해결책을 찾는 작업이 선행되어야 합니다.

세상은 여전히 부의 불공정한 분배로 양극화 현상을 이루고 있습니다. 공정하지 못하다는 것은 애당초 모든 사람이 공평하고 평등한 출발선에 서 있지 않다는 뜻입니다. 자본 소득은 노동 소득보다 훨씬 더 많은 부를 가져갔으며, 상속 등을 통해 축적된 부는 출발선의 평등 자체를 무너뜨려버렸습니다. 부가 또 다른 부를 부르는 자본주의 체제에서 정부는 자본가나 부자에게 이익이 되는 정책을 펼쳤으며, 돈이 돈을 부르는 금융은 불평등한 분배를 굳히고 있습니다. 어쨌거나 부를 이룬 대부분의 사람들은 그가 원했든 원하지 않았든 자본주의의 혜택을 받은 자본주의의 총아인 셈입니다.

부자가 세금을 더 많이 내야 하는 이유는 바로 여기에 있습니다. 다른 사람보다 많이 벌어서가 아니라 부의 불평등한 분배로 노력 이상의 돈을 벌 수 있었기 때문입니다.

◎ 기본소득제가 뭐예요?

기본소득제는 국가가 사회 구성원 모두에게 아무 조건 없이 평생 동안 최소 생활비를 지급하는 제도입니다. 기본소득이 본격적으로 논의되기 시작한 것은 2008년 미국의 금융 위기 이후부터였습니다.

미국에서 시작된 금융 위기는 전 세계에 경제 핵폭탄을 떨어뜨린 것처럼 어마어마한 충격을 주었습니다. 많은 기업이 도산되거나 고용을 줄였고, 그에 따라 수많은 사람들이 일자리를 잃었습니다. 자본주의 경제가 성장하려면 소비가 활성화되어야 하는데, 소비를 할 수 있는 사람이 줄어들게 된 것입니다. 또한 극단적인 빈부 격차에 대한 불만이 커지자 국가는 위기의식을 느끼게 되었습니다. 이에 대한 해결책으로 등장한 것이 '기본소득제'입니다.

오늘날 기본소득제의 가치나 효율성에 대한 논의는 경제학자나 사회학자를 중심으로 활발하게 펼쳐지는 중입니다. 프랑스의 경제학자 밥티스트 밀롱도는 『조건 없이 기본소득』에서 '가난을 증명하지 않을 권리'를 내세우며, 대부분의 국가가 '기본소득제'를 실시해야 한다고 주장합니다. 하지만 기본소득제가 현실이 되기 위해선 넘어야 할 산이 많습니다. 우선 기본소득제를 실현할 수 있는 재원이 확보되어야 하며, 사회 구성원들의 합의가 이루어져야 합니다. 또 기본소득을 받게 되면 많은 사람들이 일을 하지 않게 될 것이라는 편견에서도 벗어나야 합니다.

나오는 말

자본주의사회에 살면서 자본주의를 극복할 수 없을까?

오늘날 우리 사회 곳곳에서 '생존경쟁'을 말하지 않는 분야가 없습니다. 학교에서는 서로 도우며 살아야 한다는 도덕성을 가르치지만 실상은 학생들을 시험과 입시 등의 경쟁 상태로 몰아넣습니다. 사회에서는 공존의 미덕을 높이 주장하지만 실상은 학생 때보다 더 치열한 경쟁을 하게 만듭니다. 더 나은 조건의 직장에서 더 많은 돈을 벌고 더 좋은 상품을 구입해야 한다고 하지요. 그래야 남들과는 다른 특별한 존재가 된다고 말합니다. 그런데 특별한 존재가 되려면 다른 사람과의 경쟁에서 이겨야 합니다.

오늘날의 사회는 과거에 비해 더 풍요롭고 자유로워졌습니다. 개인의 선택권은 더 많아졌으며, 개인의 권리 또한 더 높아졌습니다. 그러므로 세상은 아무것도 달라지지 않았고 나쁘기만 하다고 할 수는 없습니다. 그런데 거시적인 관점에서 보자면, 여전히 소수가 세상의 꼭대기에서 다수를 지배하는 구도를 취하고 있습니다. 이러한 구도는 역사 이래 단 한 번도 변하지 않았습니다. 그럼에도 세상은 우리에게 '옛날을 생각해봐. 옛날에 비하면 지금은 천국이야'라고 속삭입니다.

어쩌면 우리는 트루먼처럼 세상의 진짜 모습을 굳이 알려고 하지 않는 것인지도 모릅니다. 눈과 귀를 막고 살면 세상은 평화로우니까요. 정치니 경제니 하는 것들의 민낯을 접하지 않는 것이 오히려 마음 편하게 살 수 있는 길이기도 합니다. 비록 경쟁 상태에 내몰려 있고 분배에서 소외되어 있어도 그럭저럭 사는 데 별문제가 없다면 말이지요.

하지만 둑의 작은 구멍은 결국 큰 구멍으로 확장됩니다. 소외, 불공정, 불평등, 경쟁, 불안감 등을 그냥 내버려두면 결국은 어느 순간 한계선을 넘어 폭발하고 맙니다. 우리 사회의 자살률이 높은 이유도 이 때문입니다. 현재 한국에 살고 있는 사람들 중 주거비, 생활비, 의료비, 교육비, 노후비 등을 걱정하지 않고 살아가는 사람이 몇이나 될까요? 지금은 걱정하는 수준이어도 언젠가 그 걱정이 현실로 닥쳤을 때, 우리는 어떻게 대처해야 할까요?

슬로베니아의 철학자 슬라보이 지제크는 『처음에는 비극으로, 다음에는 희극으로』에서 앞으로의 세계는 단지 20%의 인구만이 일할 수 있는 사회가 될 것이라 예측합니다. '부의 불평등'을 지나 '직업의 불평등'이 도래하게 된다는 것이지요. 이러한 세계에서 일하지 못하는 80%는 쓸모없는 사람이 되어버립니다. 그래서 지제크는 '80%의 사람을 쓸모없게 만드는 체제는 그 자체가 무의미하고 쓸모없는 것이 아닌가?'라는 질문을 던집니다.

지제크의 질문에 명쾌한 답변을 내놓을 수 없을 만큼 오늘날 자본주의는 정말 많은 문제점을 안고 있으며, 앞에 놓인 길도 그리 희망적이지 않아 보입니다. 하지만 역사는 끊임없이 변화하며, 어느 누구도 미래를 정확히 예측할 수 없습니다. 지금 당장은 어둡고 침침해 보여도 새롭고 밝은 길로 나아갈 수도 있습니다. 어제가 오늘과 다르듯, 내일은 오늘과 다를 것입니다. 다른 내일을 만들기 위해 우리는 오늘을 살아갑니다. 그래서 우리는 적어도 우리가 살아가는 오늘을 정확하게 응시할 필요가 있습니다. 정확하게 응시해야 정확한 문제점을 알아낼 수 있고, 그에 알맞은 해법을 찾아나갈 수 있습니다. 그렇기 때문에 우리는 계속 질문을 던져야 합니다. 열심히 일해도 가난할 수밖에 없는 이유가 무엇인지, 왜 소수가 다수의 부를 차지하는지, 어째서 이 지경이 되었는지 말이지요. 자본주의는 어쨌든 우리가 안고 있는 현실입니다. 현실은 운명이 아니라 사람들의 의식과 행동이 만들어나가는 것입니다. 우리에게는 좀 더 나은 세상을 만들어나가려는 의지가 있음을 잊어서는 안 됩니다.

사진 출처(실린 순)

전태일: 전태일재단
금 모으기 운동: 국가기록원
동국통보, 조선통보: 국립민속박물관
한국은행 본관: 국가기록원
한국 영화 「팔도강산」: 국가기록원
중학교 입시 장면: 국가기록원
한국증권거래소 개소식: 국가기록원
버스 안내양들: 서울사진아카이브
공무원 시험을 마치고 나오는 수험생들: 국가기록원